PAUL ALEXIS

ÉMILE ZOLA

NOTES D'UN AMI

AVEC DES VERS INÉDITS
DE
ÉMILE ZOLA

PARIS

G. CHARPENTIER, ÉDITEUR

1882

ÉMILE ZOLA

NOTES D'UN AMI

IL A ÉTÉ TIRÉ

Vingt-cinq exemplaires numérotés sur papier de Hollande.

Prix : 7 francs.

DU MÊME AUTEUR :

La fin de Lucie Pellegrin, 3ᵉ édition. 1 vol. 3 50
Celle qu'on n'épouse pas, pièce en 1 acte (Gymnase,
  septembre 1879). . . . .   1 »

En préparation :

Madame Coeuriot, mœurs parisiennes. 1 vol. 3 50

Paris. — Imp. E. Capiomont et V. Renault, 6, rue des Poitevins.

PAUL ALEXIS

ÉMILE ZOLA

NOTES D'UN AMI

AVEC DES VERS INÉDITS

DE

ÉMILE ZOLA

PARIS

G. CHARPENTIER, ÉDITEUR

13, RUE DE GRENELLE-SAINT-GERMAIN, 13

1882

Tous droits réservés.

A LA MÉMOIRE

DE

MADAME FRANÇOIS ZOLA

ET A

MADAME ÉMILE ZOLA

EN RESPECTUEUX HOMMAGE

ÉMILE ZOLA

I

LES ORIGINES

En plein cœur de Paris, à deux pas du Boulevard, de la Bourse, des Halles, dans ce quartier commerçant où la vie grouille du matin au soir, la rue Saint-Joseph est une sorte de passage à ciel ouvert, étroit et court, allant de la rue du Sentier à la rue Montmartre. Ce fut là, au numéro 10, que, le 2 avril 1840, naquit Émile Zola, d'un père italien, François Zola, et d'une mère française, Émilie Aubert.

Voici d'abord les détails biographiques que j'ai pu recueillir sur le père.

A Venise, au siècle dernier, il y avait des Zola. — Il en existe encore aujourd'hui, cousins éloignés de celui dont je veux être le biographe. — Un de ces Zola épousa une jeune fille de l'île de Corfou.

De ce mariage, croisement d'un Italien et d'une Grecque, naquit, en 1796, un fils, qui reçut le prénom de François.

François Zola avait huit ans, quand Napoléon Ier devint empereur. En ce temps-là, être Italien, c'était presque être Français, et, par suite, se trouver destiné à la carrière militaire. Il servit très jeune dans l'artillerie italienne. A dix-sept ans, c'est-à-dire en 1813, il combattait en qualité d'officier dans le corps du prince Eugène. Après la chute de Napoléon Ier, la Vénétie tombant sous la domination autrichienne, il abandonna la carrière militaire et se fit ingénieur civil. Très intelligent et très actif, il publia en italien plusieurs ouvrages de science, entre autres un certain *Trattato di nivellazione*, qui lui valut d'abord le titre de membre de l'Académie royale de Padoue, puis, plus tard, une médaille du roi de Hollande. Il s'en fallut donc de bien peu, à cette époque, que, s'étant fait une position, il ne se fixât à jamais dans son pays. Mais la domination autrichienne était là, depuis 1815, très vexatoire, très lourde, attristant cette belle vie italienne qui plaisait tant à Stendhal, appauvrissant et rendant inhabitables la Lombardie et la Vénétie. A la suite de je ne sais quels démêlés avec cette domination, l'ex-officier du prince Eugène prend un grand parti : il s'expatrie. Alors commence une période d'années aventureuses, pendant lesquelles, sans se fixer nulle part, le jeune ingénieur accomplit une espèce de « tour d'Europe. » D'abord, en Allemagne. Il coopère, comme ingénieur, à la construction d'un des premiers chemins de fer allemands. De l'Allemagne, il passe en Hollande ; puis, en Angleterre. Après 1830, le voici en France, ou plutôt, non ! pas encore en France ! mais en Algérie, où, redevenu militaire, il sert comme capitaine dans la légion étrangère. Enfin, après le licenciement de cette légion, il quitte l'Algérie et débarque à Marseille.

Dans cette ville, le Vénitien, qui n'avait pu s'acclimater au milieu des brumes de la Hollande, ni sous le brouillard perpétuel de Londres, se plut tout de suite. La Cannebière avec ses cafés et ses passants de toutes les nations, les allées de Meilhan ombragées de platanes, la rue Saint-Ferréol avec l'élégance parisienne de ses grands magasins, devaient le séduire. Tout cela bruyant, éclatant de couleurs claires, gai de cette gaieté méridionale des villes où la vie se passe en plein air; et il n'était pas jusqu'au provençal, dont les syllabes chantantes ne lui rappelaient le parler maternel. Il se crut sans doute retourné dans sa patrie, mais dans une patrie plus vivante, non engourdie comme l'autre sous le joug de l'étranger, dans une atmosphère de commerce, d'industrie, de grandes affaires, où son activité, jusque-là errante et inquiète, allait enfin trouver à s'exercer. Il ouvrit donc à Marseille un cabinet d'ingénieur civil.

François Zola avait alors près de quarante ans, l'heure de la maturité, l'heure où l'on sait bien ce que l'on veut, et où l'on commence à voir clair dans sa vie. Décidé à ne plus quitter cette seconde patrie de la Provence, il rêve, en travaillant d'abord pour les simples particuliers, de se vouer tout entier à quelque vaste projet d'intérêt public, qui rendra son nom populaire et l'attachera pour toujours à la contrée. Certains esprits, d'ailleurs, sont ainsi tourmentés par le besoin de faire grand. Que pouvait-il entreprendre de grand, à Marseille? Marseille ne vit que par la mer, par son commerce maritime. Et le Vieux-Port, très sûr, mais étroit, toujours encombré de navires, était reconnu bien insuffisant. Tout le commerce marseillais en réclamait déjà hautement un nouveau. Après une minutieuse inspection des lieux, après de mûres réflexions, il prépara le projet d'un nouveau port, qu'il plaçait aux Catalans, au fond d'une baie naturellement très abritée, avec passes de sortie par les temps de mistral. Le mistral, ce terrible vent du nord-ouest, si glacial et aux rafales si violentes, est le fléau de la Provence. Les marins du golfe de Lion le redoutent, fuient devant lui, vont se réfugier jusque derrière la Corse et la Sardaigne. Son idée n'était donc pas si mauvaise; elle était même si juste qu'on y revient aujourd'hui. Mais, en ce temps-là, le projet de la Joliette l'emporta. Les Marseillais eurent un port très rapproché de la ville, mais peu sûr. Quant à lui, après beaucoup de travail, de démarches, après un voyage inutile à Paris, il ne lui resta qu'un dossier énorme, des atlas superbes qui sont encore aujourd'hui en possession de son fils.

Il ne se découragea pas. Il chercha, mais ailleurs qu'à Marseille. A une trentaine de kilomètres, qui se parcouraient en ce temps-là en diligence, il y Aix, l'ancienne capitale de la Provence, devenu une simple sous-préfecture : vingt-cinq mille âmes de population ; peu de commerce, à part les huiles et les amandes ; peu d'industrie, en dehors des fabriques de chapeaux ; mais un Archevêque, un premier Président de Cour d'appel, un Recteur d'Académie ; des Facultés de droit, de théologie et des lettres, etc.; pas de Faculté des sciences par exemple, comme si la Science était chose trop moderne et trop vivante pour une ville du passé, toute à ses souvenirs, calme et silencieuse, aux vieux hôtels mélancoliques. Telle qu'elle était, cette sorte de Versailles provençale attirait alors beaucoup notre ingénieur. Il lui arrivait souvent, dès cette époque, 1836 et 1837, de venir y passer une journée. La veille, pour être certain de pouvoir partir, il allait retenir sa place à la diligence. Et, le matin, il montait dans le coupé, cours Belzunce. Très accidentée et très pittoresque, parsemée de courtes montées et de descentes rapides, la route était amusante à faire. A Septèmes, un arrêt de dix minutes pour changer de chevaux. Deux heures et demie après

1.

avoir quitté le cours Belzunce, la diligence débouchait au sommet de la montée du Pont-de-l'Arc, parcourait au trot l'avenue de la Rotonde, et faisait son entrée sur le Cours. — « Aix a une belle entrée, » disent généralement ceux qui y viennent pour la première fois. En 1836, « le Cours, » qui s'appelle maintenant « Cours Mirabeau, » et qui s'est plus ombragé que par des platanes, arbre maçant et villageois, au feuillage lourdaud, à l'ombre opaque et triste, était alors d'un aspect plus noble, avec ses deux allées d'ormeaux séculaires, au feuillage grêle, en harmonie avec les vieux hôtels, sur lesquels se dentelait une ombre légère. Mais, en ce temps-là, des trois fontaines du Cours, seule, la « Fontaine-Chaude » répandait son eau fumante. Les deux autres, celle du Roi-René et celle des Neuf-Canons, n'étaient là que pour la forme. Des gamins enjambaient la vasque et y jouaient à pied sec. L'ingénieur ayant remarqué que toutes les autres fontaines d'Aix, l'été venu, ne coulaient pas davantage, avait conçu, dans un de ses voyages, le projet de donner de l'eau à cette ville altérée.

Toute cette partie de la Provence est très sèche. Où prendre l'eau ? D'où la faire arriver, avec les ressources restreintes d'une ville de vingt-cinq mille âmes, qui ne peut avoir comme Marseille la prétention de détourner, pour son eau de table, une rivière lointaine ? Ces difficultés ne découragent pas François Zola. Et l'idée lui vient de construire pour Aix un canal avec barrage, comme il en avait vu en Allemagne, pays peu riche où l'on ne jette pas les millions par les fenêtres. L'ingénieur multiplie donc ses voyages, visite les environs, et, avec sa sûreté de coup d'œil, découvre aux portes de la ville, à trois kilomètres, une gorge où les pentes voisines amènent toutes les eaux de pluie. On peut barrer la gorge par une digue suffisante pour retenir les eaux. Et il se formera ainsi une « petite mer, » sorte d'immense citerne qui se remplira à la saison des pluies, et d'où il sera aisé de conduire l'eau jusqu'à Aix, par un canal très court et peu coûteux.

L'idée était simple, juste, scientifiquement praticable. Seulement, en matière de travaux publics, il y a loin de l'idée première à la réalisation. A partir de cette année 1837, François Zola se consacra tout entier à ce canal, le but désormais de sa vie. Mais que d'obstacles ! que de mauvais vouloirs à combattre, d'inerties privées et publiques à secouer ! Il fallait remuer ciel et terre, trouver des fonds, arriver à la formation d'une société, s'imposer aux autorités locales comme à l'autorité supérieure. Le voilà tout le temps par monts et par vaux, courant de Marseille à Aix et d'Aix à Marseille, puis faisant des voyages à Paris. C'est dans un de ces voyages, en 1839, qu'il se maria.

Il avait quarante-trois ans, et celle qu'il épousait, dix-neuf. C'était une jeune fille née aux environs de Paris, à Dourdan (Seine-et-Oise) : très simple, et, m'ont assuré ceux qui la connurent en ce temps-là, très jolie. Il la vit, s'en éprit tout de suite, oublia pour quelques semaines son idée fixe « le canal, » et fit la demande aux parents, sans se préoccuper de la dot. Il n'y en avait pas ! mais il n'en fut que plus heureux, et il se remit au travail avec un plus grand courage. Sa femme lui devait tout, elle lui rendit tout, en tendresse et en dévouement. Un an après, naissait un fils qui reçut le prénom d'Émile.

Ce fils avait donc dans les veines du sang de trois nations : deux grands parents maternels français, un grand-père paternel italien, une grand'mère paternelle grecque. En outre, s'il naquit à Paris, le 2 avril 1840, entre deux voyages de ses parents à Aix, le rapprochement des dates donnerait à croire qu'il a été conçu en Provence. Et c'est en Provence, cette sorte d'Italie de la France, que le jeune Émile passa la plus grande partie de son enfance et toute sa première jeunesse.

Hier, 2 avril 1881, je suis retourné voir cette rue Saint-Joseph. La nuit tombait. Le marché Saint-Joseph, à peu près désert, allait fermer. De l'éventaire de la fleuriste assise à la porte, j'ai d'abord jeté un coup d'œil dans l'intérieur. Les volailles plumées, les choux et les carottes, les tas de pommes de terre, dormaient déjà dans le gris du soir. Et, à la lueur d'un seul bec de gaz allumé, la charpente, aux vieilles poutres noires, semblait plus haute et plus vaste. Ce marché existait tel quel, à l'époque où naquit celui qui devait écrire le *Ventre de Paris*. Laissant là le marché, tournant le dos au grouillement de la rue Montmartre, plus bruyant et plus hâtif aux approches de la nuit, je me suis enfoncé dans l'étroite rue en pente. Là, à cette heure, ni charrettes, ni fiacres ; de rares passants. En pleine fournaise parisienne, un peu du calme et de l'intimité tranquille d'une ruelle de province. A gauche, debout sur sa porte, une blanchisseuse, Gervaise peut-être, mais une Gervaise les bras croisés, sa journée bien remplie, me regardant passer presqu'avec surprise. A droite, des bouteilles contre une devanture : pas un assommoir, une bibine bonasse où des maçons limousins, déjà attablés, plantent leur cuiller dans des assiettes de soupe aux choux. Puis, un fabriquant de malles et sacs de voyage, en face d'un hangar plein de « voitures à bras, » pressées les unes contre les autres, oisives, attendant le 8, jour du petit terme, leurs brancards en l'air. Puis, une grande maison sans boutiques avec porte bourgeoise et table d'hôte au premier, maison en cul-de-sac dont le retrait forme avec la rue une petite place régulièrement carrée. Du seuil de la table d'hôte, je me suis retourné : j'avais devant moi le n° 10. Une autre grande maison, celle-là, la plus belle de la rue, reconstruite en 1839 : cinq fenêtres de façade, cinq étages. Au rez-de-chaussée, une large porte cochère qui n'était pas encore fermée. Le cinquième, un peu en retrait sur le quatrième, avec terrasse terminée par une rampe en fer. Et j'ai regardé les cinq tres du quatrième, celles immédiatement sous la terrasse. Il y avait justement de la lumière à la dernière des cinq, du côté de la rue du Sentier : c'est la fenêtre de la chambre où est né Émile Zola.

En 1840, quand François Zola arriva de Provence avec sa jeune femme sur le point d'accoucher, au lieu de se loger dans une maison meublée comme à ses autres voyages, prévoyant cette fois un long séjour nécessité par les obstacles à vaincre pour la construction de son canal, il acheta des meubles et loua ce quatrième douze cents francs. La maison, toute neuve, venait d'être achevée. Les fenêtres de la salle à manger seules donnaient sur la rue de derrière, cette rue du Croissant, déjà bruyante et enfiévrée, répandant chaque jour des millions de journaux aux quatre coins de Paris, de la France, du monde entier. Quand l'installation fut terminée, la layette prête, madame Aubert, la mère de madame François Zola, arriva de Dourdan, et le petit être qu'on attendait n'eut plus qu'à venir. — « Pourvu que ce soit un garçon ! » Tel était le vœu ardent du père et des deux femmes. Le vœu fut exaucé. Le 2 avril 1840, vers onze heures du soir, sur un lit de sangle placé tout contre la fenêtre que j'ai indiquée, naissait le futur auteur des *Rougon-Macquart*.

Pendant que le jeune Émile tétait sa nourrice et faisait ses premières dents, son père, plus actif que jamais, se démenait à Paris avec un redoublement de courage, espérant que ce fils profiterait un jour du fruit de ses efforts. Voulant avoir tous les atouts dans son jeu maintenant, il saisit avec empressement une occasion qui se présenta, de faire la connaissance de M. Thiers. La protection de ce dernier lui fut tout de suite acquise et lui devint très utile par la suite.

On travaillait alors aux fortifications de l'enceinte de Paris. L'ingénieur invente une machine pour le transport des terres. Grâce à M. Thiers, il expérimente son invention à la porte de Clignancourt, la perfectionne, la fait accepter. Et sa machine fonctionna à Montrouge, en 1842. L'année suivante, à la suite de ce premier succès, sûr désormais d'être soutenu à Paris, il revint à son idée favorite, le canal, et partit pour Aix. Il s'y fixa avec sa femme et son fils.

Émile avait alors trois ans. Ses parents, à Aix, se logèrent d'abord cours Sainte-Anne; puis, peu après, impasse Sylvacanne, dans une maison précédemment habitée par la famille de M. Thiers. Au bout de deux ans et demi de séjour à Aix, François Zola, n'étant pas encore arrivé à surmonter l'opposition de certains propriétaires riverains, revint à Paris solliciter « une ordonnance royale d'utilité publique. » Bien décidé cette fois à ne remettre les pieds en Provence qu'en vainqueur, il emmenait encore sa famille. Cette lutte suprême dura dix-huit mois. Par conséquent, Émile habita pour la seconde fois Paris, de cinq ans à six ans et demi.

Enfin, dans les derniers mois de 1846, la famille put revenir à Aix. L'ingénieur, protégé par M. Thiers, avait obtenu « l'ordonnance royale. » Après dix ans d'efforts et de persévérance, il allait pouvoir exécuter l'œuvre projetée depuis si longtemps. Il n'a que cinquante-un ans, et se sent encore plein de vie et de force. De longues années ne lui restent-elles pas pour exécuter l'œuvre et jouir de la fortune laborieusement acquise, de la popularité prochaine de son nom dans la contrée? Et puis, ce fils qui grandit déjà en santé, en vigueur, en intelligence, ne se trouve-t-il pas là pour hériter plus tard de tout cela? Aussi, avec quelle jouissance profonde, le jour de l'inauguration des travaux du canal, le père, la main de l'enfant dans la sienne, voit-il donner le premier coup de pioche des terrassiers! Eh bien, trois mois après, il était mort! d'une pleurésie prise en surveillant ses ouvriers, par un matin de mistral, dont le souffle glacé s'engouffrait dans le vallon du barrage. Et quelle mort! Pas même, chez lui, à Aix, dans son lit, mais à Marseille, dans une chambre d'hôtel. Mal à son aise, toussant déjà, et obligé d'aller passer quarante-huit heures à Marseille pour affaires, il était descendu comme d'habitude à l'hôtel Moulet, rue de l'Arbre, aujourd'hui démolie. La pleurésie se déclara dans la nuit, et, avec une violence telle que, le lendemain, force fut de faire venir madame Zola. Son mari n'était déjà plus transportable, et, au bout d'une douloureuse semaine, il lui expira dans les bras. Si vous voulez vous faire une idée de cette fin affreuse, dans une chambre d'hôtel, les malles pas même défaites, au milieu de figures indifférentes, parmi le va-et-vient des voyageurs, relisez, dans une *Page d'amour :* le récit que fait madame Grandjean de la mort de son mari, hôtel du Var, rue Richelieu, dans une ville où elle ne connaissait personne. Le romancier a reproduit là quelques-uns des détails navrants du récit trop réel, que bien des fois, depuis, il a entendu raconter par sa mère.

Le corps de François Zola fut ramené à Aix et enterré dans le cimetière de la ville. Si vous allez à Aix, arrivé à la porte principale du cimetière, marchez droit devant vous, jusqu'à ce que vous soyez devant le mur du fond. Là, vous trouverez une tombe : une simple pierre, qu'entoure, à hauteur d'appui, une chaîne en fer reliant six bornes de granit, et qui porte cette seule inscription :

FRANÇOIS ZOLA

1796-1847

Celui qui est là, depuis trente-quatre ans, laissait un fils en bas âge, une veuve jeune, inexpérimentée aux affaires ; et, à ces deux êtres sans défense dans la vie, pour tout héritage, il léguait une entreprise, des travaux à peine en voie de construction. Le canal a été achevé, non pas le projet complet, beaucoup plus large, ne comprenant pas moins de trois barrages échelonnés qui eussent rendu à peu près inutile, plus tard, la construction du canal du Verdon. Mais, tel quel, ce canal coule et alimente depuis lors les fontaines de la ville. Et la population, seule reconnaissante, l'a toujours appelé « le canal Zola. » Enfin, depuis peu, sous la République, il s'est trouvé une municipalité aixoise qui s'est aperçue de l'ingratitude des municipalités précédentes. Un boulevard d'Aix s'appelle depuis six ans « Boulevard François Zola. »

I

ENFANCE A AIX

Le père est mort. Le fils n'est qu'un bambin de sept ans. La mère a sur les bras une lourde affaire, dont dépend la fortune, l'existence même de la famille. Que vont devenir ces deux êtres faibles et désarmés?

En disant « deux, » je commets une erreur; je devrais dire quatre. Les grands parents maternels étaient venus se fixer à Aix, où ils vivaient avec leur fille et leur petit-fils. Mais le grand-père, vieux et retiré du commerce, ne s'occupait plus de rien. Qui était bien vivant, par exemple, c'était la grand'mère. Une vraie femme de la Beauce, native d'Auneau, très vive, très gaie, très ronde. Une forte tête, débrouillarde, prête à porter aussi gaillardement la gêne que la vieillesse. A soixante et dix ans sonnés, pas un cheveu blanc! Tant que son gendre avait vécu, elle était restée un peu dépaysée, dans cet intérieur confortable, luxueux même, au milieu des habitudes de vie large où se complaisait l'ingénieur vénitien. Mais, lorsqu'on fut obligé de se passer de domestiques, de tout faire par soi-même dans le ménage, elle retroussa ses manches et trima comme quatre, nullement attristée par ce revers de fortune, plutôt rajeunie et ragaillardie. Les mauvais jours la trouvent debout. Après des procès coûteux, mal engagés par la veuve de François Zola, désastreusement perdus, les économies s'en vont, le petit avoir des grands parents y passe. La ruine est là, lente, mais certaine. Et alors, quand il fallut tirer quelques ressources des derniers débris du luxe d'autrefois, ce fut la maman Aubert, hardie, retorse, qui alla traiter avec les brocanteurs.

Ainsi, l'absence du père se faisait cruellement sentir. L'activité courageuse de la mère et de la grand'mère n'avait d'efficacité que dans le cercle restreint du ménage et de l'économie domestique. Les procès allaient mal. La fortune de la famille s'épuisait. Que faisait, pendant ce temps-là, l'enfant qui devait la relever un jour?

On le gâtait, il était heureux. Il poussait inconscient et en toute liberté. La mère et la grand'mère s'ingéniaient à lui causer des joies, de ces bonnes joies enfantines, où l'être encore neuf se précipite tout entier et sans arrière-pensée. Tandis que les deux femmes en étaient réduites à vaquer elles-mêmes aux soins de la vie courante, le petit Émile, toujours au milieu d'elles, fourre son nez partout et veut tout voir. Tant pis si leurs mains sont à chaque instant ralenties par la présence du gamin curieux, qui les accable de questions, qui, déjà, leur impose à chaque instant ses volontés ! Il ne faut pas le contrarier, ce cher enfant, frappé si jeune d'un grand malheur ! Tel est tout leur système d'éducation. Avec cela, devant leur demeure de l'impasse Sylvacanne, il y a un vaste jardin. Pleine liberté pour le petit de courir dans les allées, de se rouler sur le gazon, dans la terre, de salir ses mains et ses vêtements. Tout, pourvu que ça ne lui fasse pas de mal !

Un enfant, poussé ainsi, sans plus de direction qu'un églantier, ne pouvait être bien précoce. A sept ans et demi, Émile ne savait encore ni A ni B. Un beau matin pourtant, les deux femmes se ravisent et tiennent conseil. Le grand-père lui-même prend part à la délibération. On ne peut laisser plus longtemps sans instruction le fils d'un ingénieur. N'est-ce pas lui, l'avenir ? L'avoué et l'avocat, qui promettent monts et merveilles, se trompent peut-être ; les procès engagés peuvent mal tourner ; qui sait s'il n'y a pas dans cette petite tête aux yeux doux, déjà réfléchis, au nez futé, de quoi conjurer un jour la dureté du sort et l'injustice des hommes ? Et l'on parle de le mettre au collège. « Au collège, intervient alors maman Aubert, il ira plus tard, quand il aura fait sa première communion. Je me charge de tout... Donnez-moi jusqu'à demain. » Et, son chapeau sur la tête, l'active vieille femme trottait déjà, en quête d'un pensionnat.

Le lendemain même, Émile entrait à la « pension Notre-Dame, » tenue par M. Isoard. Pension bien modeste, qui existe encore à Aix. J'ignore le nom du successeur de M. Isoard, qui continue à donner l'instruction primaire aux enfants de la petite bourgeoisie de la ville. Mais, à mon dernier voyage à Aix, je me souviens d'avoir passé devant le pensionnat Notre-Dame. Un brouhaha joyeux de gamins en récréation venait jusqu'à moi. Et je me suis demandé si, dans quelque trente ans d'ici, un autre de ces jeunes élèves saperait à son tour les croyances artistiques d'aujourd'hui et nous traiterait de ganaches, nous autres naturalistes.

Émile Zola passa cinq ans, de sept à douze, sous la férule peu redoutable de ce premier père intellectuel. A sept ans, il s'entêtait à ne pas savoir ses lettres, et M. Isoard devait le prendre tout seul, au fond de son cabinet, où il lui apprit enfin à lire, dans un exemplaire des fables de La Fontaine. Ce furent encore cinq belles années. Il restait aussi libre que par le passé, courant quand il voulait dans le jardin, grimpant aux arbres, pétrissant le sable et la terre à sa guise, manquant la pension, si ça ne lui disait pas d'y aller. Le fameux système : « Il ne faut pas le contrarier ! » était toujours pratiqué. Même, quand la famille quitta la maison de l'impasse Sylvacanne pour aller se loger au Pont-de-Beraud, hors de la ville, en pleine campagne, l'assiduité de l'externe du pensionnat Isoard devint tout à fait problématique. Au lieu d'un simple jardin, les champs entiers, les champs qui n'ont pas de clôture, lui furent ouverts. C'est là, le long de la Torse, petit ruisseau adorable, ainsi nommé à cause des capricieuses sinuosités de son cours, que le futur auteur des *Contes à Ninon* commence à s'éprendre de ce large amour de la campagne, qui, plus tard, sera à chaque instant la fantaisie et le côté poétique de son œuvre réaliste. La Torse, « torrent en décembre, ruisseau si discret aux beaux jours, » se trouve désignée dans l'invocation à l'amante idéale des seize ans, « à Ninon, » qui ouvre le premier volume du romancier.

Mais je ne voudrais pas que ces rapprochements littéraires, qui me sollicitent à chaque pas et auxquels j'ai peut-être tort de me laisser aller, donnassent une idée fausse et convenue de cette enfance. On sera un jour quelqu'un, mais on ne naît pas avec une étoile au front. L'enfance d'un artiste et celle d'un homme d'affaires, d'un commerçant, d'un huissier, se ressemblent. Qui eût vu le jeune Émile à cet âge, n'eût reconnu en lui qu'un enfant bien doué, ouvert, habitué à suivre ses volontés, par suite franc et doux, plein d'initiative. De là, à présager un avenir, il y a loin. Si, à huit ans, il aimait déjà la campagne, soyez sûr qu'il ne s'en doutait pas lui-même. Et un poète idyllique serait venu lui lire un sonnet champêtre, qu'il ne l'aurait pas compris, et serait allé faire ronfler sa toupie.

Il y jouait, à la toupie, et aux billes, et au cheval fondu, de préférence avec deux de ses petits camarades de pension : Solari et Marius Roux. Solari est devenu sculpteur; Marius Roux, romancier et rédacteur du *Petit Journal*. Tous deux sont restés ses amis les plus anciens, ceux des premières galopinades.

A douze ans, par conséquent en 1852, Émile Zola sortait de la pension Notre-Dame, pour entrer au collège d'Aix, en huitième.

Au collège ! c'était sérieux, cette fois. Maintenant, il est un grand garçon. La mère et la grand'mère se saignent aux quatre veines : Émile sera pensionnaire ! Seulement, pour qu'on puisse aller le voir tous les jours au parloir et le dorloter comme par le passé, on quitte le Pont-de-Beraud, et l'on vient se loger en ville, rue Bellegarde.

En huitième, Zola fut d'abord à la queue de la classe. Mais, intelligent et réfléchi, plein d'une précoce prudence, il sentit qu'il était d'une famille moins aisée de jour en jour, que rien n'était plus incertain que l'avenir, qu'il ne serait jamais quelqu'un ou quelque chose que par son travail. De plus, il avait trop bon cœur pour ne pas essayer de donner une première satisfaction à sa mère et à sa grand'mère. Ces excellentes femmes l'avaient toujours traité en homme plutôt qu'en enfant, ne lui laissant rien ignorer de leurs embarras, prenant déjà en tout son avis, comme si quelque chose de la raison et de l'expérience du père pouvait leur venir par la bouche du fils. Il se comporta donc en homme et obtint cinq prix à la fin de l'année. Alors, dans sa hâte à parvenir, peut-être aussi n'aspirant, comme tous les collégiens, qu'à sortir au plus vite de « la boîte, » il voulut sauter une classe et entra tout de suite en sixième.

Il passa encore quatre ans et demi au collège d'Aix : *sixième*, — demi-pensionnaire, — pas de prix, antipathie entre l'élève et un professeur, dont il a gardé un souvenir abominable ; *cinquième* et *quatrième*, — toujours demi-pensionnaire, — et pas mal de prix, six ou sept ; *troisième*, — externe, — tous les premiers prix. Enfin, au milieu de sa seconde, lorsqu'il quitta subitement le collège et la ville d'Aix, il était encore incontestablement le plus fort de sa classe. Il faut ajouter ici que, au commencement de la troisième, il avait bifurqué. Ayant à opter entre l'étude des lettres et celle des sciences, le futur romancier naturaliste choisit par goût les sciences ; non qu'il dédaignât les lettres ; mais parce qu'il éprouvait une répulsion pour les langues mortes, le grec surtout, et pour certains exercices fastidieux, tels que le thème et les vers latins. C'était un invincible dégoût auquel se mêlait un peu de pose enfantine. Dans les sciences elles-mêmes, il avait ses sympathies : assez peu enthousiaste pour les mathématiques pures, très attiré vers les sciences naturelles, le premier tout de même en composition dans les unes et les autres.

Je le connais bien, ce vieux collège, qui, sous l'empire, s'appelait encore « collège Bourbon. » Moi-même, j'y entrais en septième, en 1857, quelques mois avant l'époque où l'élève de seconde Zola partait pour Paris, au milieu de l'année scolaire. J'y étais en troisième, quand mon ami et condisciple Antony Valabrègue, le poète, me parla pour la première fois « du fils de celui qui a fait le canal, » du fils Zola qui commençait à écrire des livres, dans ce grand Paris vers lequel nous nous sentions tous attirés. J'étais en rhétorique, quand parurent les *Contes à Ninon*, que je dévorai en classe, le volume caché dans un dictionnaire, tandis que le professeur corrigeait un discours latin. Et maintenant encore, lorsque je me reporte à cette époque, je revois tout : la petite place tranquille et la fontaine des Quatre-Dauphins, dont les monstres rococo tordent leur queue de pierre et crachent l'eau par leur bouche perpétuellement ouverte ; la porte extérieure de la chapelle, noire en ce temps-là, toujours fermée ; la fenêtre grillée du concierge que nous allions gratter timidement, chaque fois que nous arrivions en retard. Puis, la grande cour carrée, ombragée de quatre beaux platanes ; le grand bassin ; la seconde cour, où étaient installés le trapèze, la poutre, les parallèles. Et les « études » du rez-de-chaussée, tristes, humides, manquant d'air. Et les classes du premier étage, plus claires, plus gaies, avec leurs fenêtres donnant sur les ombrages des jardins voisins. C'est dans ce bon collège communal, où les études classiques n'étaient pas bien fortes, mais où du moins une paternelle discipline laissait à chaque élève ses qualités et ses vices, ne faussant pas les personnalités naissantes, que Zola passa de l'enfance à l'adolescence. Tel je l'ai vu depuis dans sa vie d'homme de lettres, tel il était déjà sur les bancs. J'en ai souvent causé avec lui, avec sa mère, avec ses anciens camarades : il n'était ni un paresseux, ni un de ces foudres de travail qui s'abêtissent sur les livres. C'était un garçon intelligent et pratique, qui, sortant de classe avec un devoir à faire, des leçons à apprendre, se disait : « Tout cela est médiocrement agréable, mais il faut que cela soit fait. Débarrassons-nous-en donc tout de suite, nous nous amuserons après. » Et, à peine à l'étude ou rentré chez lui, il s'installait à son pupitre, ne perdait pas une minute, entamait courageusement sa besogne, mais en la simplifiant le plus possible ; et il ne s'arrêtait que lorsqu'il était au bout de sa tâche. Alors seulement, il se sentait libre, et profitait largement de sa liberté. Pas d'excès de zèle en un mot, rien que l'indispensable et le nécessaire. Aujourd'hui encore, l'auteur des *Rougon-Macquart* est resté le même travailleur consciencieux, mais modéré. Pour élever le monument de sa haute ambition littéraire, tous les jours de l'année, tous les matins à son lever, après avoir mangé un œuf sur le plat, sans boire, il s'installe dans son large fauteuil Louis XIII, devant son bureau où tout : encrier, buvard, livres, papier, est méthodiquement rangé à sa place; puis, avec le grattoir, il fait aussitôt la toilette de sa plume, la débarrassant de l'encre séchée de la veille; puis, après un rapide coup d'œil jeté sur ses notes d'ensemble, il se met à l'œuvre, reprenant la page où il l'a laissée la veille, souvent au milieu même d'une phrase, sans relire jamais ce qui précède pour s'entraîner, comme ont besoin de le faire les travailleurs irréguliers ; et il ne s'arrête, il ne se met à vivre de la vie ordinaire, que lorsqu'il a achevé sa tâche quotidienne: quatre pages le plus souvent, des pages de papier écolier ordinaire coupé en deux, des pages d'une trentaine de lignes, sans marge, d'une écriture compacte, ferme et régulière, sympathique à force de logique et de clarté. Presque pas de ratures. On sent que cette prose a été coulée là syllabe à syllabe, continuellement. Ce n'est rien que quatre pages, mais cela tous les jours, tous les jours : la force de la goutte d'eau tombant à la même place et finissant par entamer la pierre la plus dure! Ce n'est rien, mais, à la longue, les chapitres succèdent aux chapitres, les volumes s'entassent sur les volumes, et l'œuvre de toute une vie pousse, multiplie ses branches, étage ses frondaisons, comme un grand chêne destiné à monter haut et à rester debout, dans la forêt des productions humaines. Quant à l'auteur, c'est toujours l'élève du collège d'Aix, resté méthodique et consciencieux, mais n'aspirant, souvent, qu'à la minute où il pourra se croiser les bras, après avoir écrit le mot « fin, » au bas du dernier volume des *Rougon-Macquart*.

Nous n'en sommes encore qu'au collégien. C'est sur les bancs du collège d'Aix, qu'Émile Zola écrivit ses premières œuvres. En voici la nomenclature complète, exactement recueillie : — 1° un grand roman historique moyen âge, un épisode des croisades, je crois, avec des détails pris dans Michaud; — 2° quelques narrations et discours français, en vers; — 3° *Enfoncé le pion!* comédie en trois actes, en vers. — Des vers et de la prose, du roman et du théâtre, voyez-vous ça! c'était complet. Le roman sur les croisades, de beaucoup plus ancien que le reste, dut être fabriqué en huitième. Il en a conservé le manuscrit, comme il a l'habitude de tout conserver : notes, plans, anciens articles, lettres d'affaires, d'amis, simples billets; je suis sûr qu'il ne déchire qu'à regret ses notes de blanchisseuse. Ce manuscrit, il me l'a montré un jour : il est écrit d'une écriture courante, sans une rature, mais absolument illisible. Je ne pus pas en déchiffrer un seul mot, l'auteur non plus. Les vers, beaucoup moins enfantins, lisibles au moins, n'apparurent que plus tard, en quatrième, surtout en troisième et en seconde, au moment où il commença à lire les poètes.

Plus jeune que lui de sept ans, je ne l'ai pas connu à cette époque. Mais que de fois, à Paris, depuis dix années, ne l'ai-je pas entendu revenir sur ce sujet de prédilection : sa jeunesse ! Aussi, mes documents — je serais tenté de dire : mes souvenirs — abondent.

J'ai déjà expliqué ce que fut sa libre enfance. Je l'ai montré choyé, gâté par deux excellentes femmes, bonnes jusqu'à la faiblesse, élevé avec la liberté du Nord, pris au sérieux et ayant voix délibérative comme un homme, enfin la bride sur le cou pour les lectures, les amitiés, les parties de plaisir. En avançant en âge, naturellement, cette liberté précoce ne fit que croître. Voici comment il en profita.

Au collège, il s'était fait deux grands amis. Peu liant, pas tutoyeur, myope, timide, naturellement très doux, déjà réfléchi avec un grand fond de sérieux dans le caractère, le « nouveau » ne sympathisait pas avec la tourbe de gamins braillards, qui compose le fond des petites classes des collèges méridionaux. En outre, cette engeance brutale trouvait de l'accent à ce camarade bien élevé, né à Paris. On le traitait de « parisien, » de « *franciot !* » Même, dans la première enfance, il avait eu presque un défaut de langue, moins un bégayement caractérisé, que de la paresse à prononcer certaines consonnes, le *c* et l's principalement qu'il prononçait *t: tautitton* pour saucisson. Un jour pourtant, vers quatre ans et demi, dans un moment d'indignation enfantine, il proféra un superbe : *cochon!* Son père, ravi, lui donna cent sous. Certes, sa langue s'était déliée depuis ; mais il lui restait encore une circonspection devant certains mots, des lenteurs de parole. Ce rien suffisait : il eût pu être très malheureux sur les bancs. Heureusement, il fit la connaissance de deux garçons sympathiques, du même âge, mais plus avancés d'une classe. Cézanne, Baille et lui, furent tout de suite « les trois inséparables, » comme on les appela bientôt. D'année en année, leur liaison devint plus étroite, à un tel point, qu'il me serait impossible d'aller plus avant dans mon récit, sans raconter cette grande amitié.

D'abord, ce ne fut qu'une camaraderie de galopins, entrecoupée probablement de brouilles passagères, et, qui sait? peut-être de calottes. Mais ces calottes-là ne font jamais de mal, et plus tard, on se les rappelle avec attendrissement. Les jours de sortie, tous trois s'attendaient à la porte, et s'en allaient bras dessus bras dessous. Quelquefois, c'était Baille, demeurant aux bains Sextius, que l'on accompagnait. Pendant qu'on remontait le faubourg, une pierre, puis deux, puis quatre, fendaient l'air au-dessus de leur tête, ricochaient contre les maisons d'en face. Les trois amis devaient se garer, gagnaient l'abri de quelque porte cochère, et assistaient de là à un dangereux spectacle. C'étaient d'homériques batailles à coups de pierres, enfants du faubourg contre enfants de la ville, deux bandes de marmaille sauvage se pourchassant l'une l'autre avec des cailloux, continuant je ne sais quelle haine séculaire de quartier à quartier. — Lisez les pages 317 et suivantes de *la Faute de l'abbé Mouret*, où le frère Archangias et Jeanbernat, au clair de lune, se lapident terriblement : ce n'est qu'un ressouvenir de ces combats du faubourg. — D'autres fois, on faisait le tour de la ville, le long des vieux remparts crevassés et couverts de lierre; on « lézardait » au soleil, à l'abri du mistral, le long de « la Cheminée du roi René; » ou bien, si la journée avait été chaude, on sortait par la porte Bellegarde, et l'on montait aux « Trois-Moulins, » pour respirer. D'autres fois, c'était un régiment de passage que l'on allait voir faire son entrée sur le Cours, musique en tête, puis à qui, le lendemain, dès l'aurore, on faisait la conduite jusqu'au pont de l'Arc. Dans les *Nouveaux contes à Ninon*, il y a des pages sur ces passages de troupes et sur d'autres souvenirs de jeunesse. Les processions, par exemple! les fenêtres pavoisées d'étoffes voyantes; la foule endimanchée, accourue de toutes parts, assise sur des rangées de chaises et sur le bord des trottoirs; le milieu de la rue libre, comme une sorte de canal creusé entre deux rives humaines; puis les deux gendarmes à cheval, ouvrant la marche; les théories de jeunes filles en blanc, chantant des cantiques, portant des bannières ; les corbeilles de roses effeuillées et de genets d'or, répandues à pleines mains ; et, avec ces bonnes odeurs fraîches, l'encens, les coups de clochette au passage du dais, la musique militaire et la musique de la ville ; enfin, à la nuit tombante, le long retour de la procession, les cierges déjà allumés, la bénédiction donnée du haut du grand reposoir, moment solennel où les belles filles cessent de rire et de montrer leurs jolies dents pour se cacher le front dans les mains ; tandis que les deux petits canons pour rire, donnés par Louis XIV à la ville, font la grosse voix.

Cependant, les années s'écoulèrent, les trois inséparables ne furent plus des bambins ne songeant qu'à courir les rues. On était en 1855, et Émile Zola, lui, venait d'avoir quinze ans. Les ressources pécuniaires de la famille avaient encore diminué. De la petite maison de la rue Roux-Alphéran, où l'on s'était installé en quittant la rue Bellegarde, il avait fallu, le loyer devenant trop lourd, aller se loger plus économiquement, cours des Minimes. Mais, à quinze ans, on a bien autre chose que l'argent en tête ! La puberté s'éveillait. Nos amis se sentaient l'âme neuve, ils étaient devenus riches tout à coup de désirs tumultueux. Et le cœur, les sens, l'imagination sonnaient des fanfares éclatantes ! Alors, ils se mirent à lire, à lire passionnément, chacun de son côté. Ils se prêtaient les volumes, puis, comparaient leurs impressions, discutaient. Que lisaient-ils? De tout, certes, avec la belle voracité intellectuelle de l'âge où le corps et l'esprit n'ont pas encore achevé leur croissance. Surtout des poètes ; peu de romans ; de Balzac, rien encore. Alors, qu'arriva-t-il? Tous les trois firent des vers : Zola naturellement, et Cézanne devenu le peintre impressionniste que l'on sait, et Baille, aujourd'hui professeur à l'École polytechnique et adjoint au maire du XIe arrondissement.

On peut dès lors reconstruire ce que fut cette adolescence à trois. D'abord, pas de femme! De grands désirs sans doute. Mais l'excès même de ces désirs aboutissant, vis-à-vis de la femme, à une grande timidité. Tout au plus quelques amourettes avortées. Pas de vie de café non plus! On entrait dans un café, de loin en loin, pour se rafraîchir ; celui des trois qui avait de l'argent payait ; et l'on s'en allait, échappant ainsi à l'abrutissement du jeu, si fréquent dans la vie plate de la province. La ville? Eh! on la jugeait de haut, on la méprisait un peu, on y vivait à part, le moins possible, n'y fréquentant pas d'autres jeunes gens, sauf Marguery, un condisciple. Un charmant garçon celui-là, qui avait succédé comme avoué à son père et qui est mort tragiquement, dans une crise de folie, en se tirant un coup de carabine : fin terrible que ne faisait pas prévoir son caractère insouciant, ni sa bruyante gaieté. Une même passion d'enfant pour la musique avait lié Zola et Marguery. Le principal du collège s'étant avisé de créer une fanfare, Marguery apprit le piston et Zola, qui n'a jamais eu d'oreille, dut choisir la clarinette. Qui le dirait aujourd'hui? Certain jour de procession générale, en 1856, l'auteur de l'*Assommoir* a joué de la clarinette toute une après-midi, derrière les autorités ecclésiastiques, civiles et militaires, circulant dans les rues, en grand uniforme.

On fréquentait aussi assidûment le théâtre de la ville. Le parterre ne coûtait que vingt sous. Zola a peut-être vu jouer à Aix dix-huit fois la *Dame blanche* et trente-six la *Tour de Nesle*. Néanmoins, la grande débauche des trois amis n'était ni le théâtre, ni la musique, ni le jeu, ni la femme.

C'était la campagne. Une orgie saine de campagne, une soûlerie de grand air. Toujours par monts et par vaux, dans les environs d'Aix : tantôt sur les grandes routes, tantôt dans des sentiers de chèvres et des gorges désertes. Des parties de chasse ou de pêche, des baignades dans la rivière de l'Arc, des courses de dix lieues. L'été surtout, pendant les vacances, ou les jours de congé, à des trois heures du matin, le premier réveillé allait jeter des pierres dans les contrevents des autres. Tout de suite, on partait, les provisions depuis la veille préparées et rangées dans les carniers. Au lever du soleil, on avait déjà franchi plusieurs kilomètres. Vers neuf heures, quand l'astre devenait chaud, on s'installait à l'ombre, dans quelque ravin boisé. Et le déjeuner se cuisait en plein air. Baille avait allumé un feu de bois mort, devant lequel, suspendu par une ficelle, tournait le gigot à l'ail, que Zola activait de temps à autre d'une chiquenaude. Cézanne assaisonnait la salade dans une serviette mouillée. Puis, on faisait une sieste. Et l'on repartait, le fusil sur l'épaule, pour quelque grande chasse où l'on tuait parfois un cul-blanc. Une lieue plus loin, on laissait le fusil, on s'asseyait sous un arbre, tirant du carnier un livre, le poète favori : Hugo d'abord, plus tard Musset. On finissait par discuter : quel était le plus fort des deux? Longtemps, ils furent enthousiasmés par la rhétorique prodigieuse d'Hugo, jouant ses drames, s'étourdissant à la musique de ses vers déclamés tout haut; mais Alfred de Musset les prit ensuite tout entiers par son côté humain et vécu, et il resta le plus cher, le plus lu, celui qui devait un jour jeter Zola dans son amour de la passion et de la vie. La nuit tombant, ils revenaient à petits pas, en discutant encore, en récitant, à l'appui, des vers sous les étoiles.

La velléité les prit une fois de ne pas rentrer, de passer la nuit, toute une nuit, dans une grotte. C'était une immense excavation naturelle, entre deux énormes rochers, une fente très profonde qui allait en se rétrécissant, et devait aboutir à quelque trou de renard. Pour accomplir le haut fait, ils étaient venus quatre : Baille avait amené son jeune frère. A la tombée du jour, ils eurent soin de préparer au fond de leur grotte un lit parfumé, sinon moelleux, de thym et de lavande. Bientôt, la nuit vient, ils s'installent tous les quatre, s'étendent dans leurs pardessus, et cherchent bravement le sommeil. Mais le temps s'est gâté. Un gros vent siffle par les fentes des roches. Ils sont très mal dans leur grotte. A la lueur de la lune, ils voient de grandes chauves-souris tournoyer au-dessus d'eux. Enfin, ils n'y tiennent plus, ils renoncent à leur beau projet, et, vers deux heures du matin, reprennent le chemin de la ville. Mais, auparavant, ils enflamment les thyms et les lavandes, pour s'offrir la vue d'un embrasement romantique. Les chauves-souris épouvantées s'envolaient, avec des miaulements de sorcières shakespeariennes.

Un jour, brusquement, cette belle vie insouciante cessa. Dès le commencement de 1857, l'appartement du cours des Minimes étant devenu trop cher, il avait fallu le quitter, et l'on était venu au coin de la rue Mazarine. Ce fut là le dernier logement de la famille Zola à Aix, le plus pauvre, rien que deux petites pièces donnant sur le « barri, » sorte de ruelle faisant le tour de la ville : de chétives maisons d'un côté, et de l'autre le mur en ruines du rempart. La grand'maman Aubert mourut dans ce logement, en novembre 1857. La misère était venue. Tout le mobilier vendu, des dettes, et les procès interrompus, faute de provision à donner aux avoués : telle était la situation. Vers la fin de l'année, Émile Zola venait d'entrer en seconde, lorsque sa mère partit toute seule pour Paris. Elle allait y jouer une dernière carte, solliciter pour ses procès l'appui des anciens protecteurs de son mari. Tout à coup, en février 1858, le fils reçoit une lettre de sa mère qui l'appelle. « La vie n'est plus tenable à Aix. Réalise les quatre meubles qui nous restent. Avec l'argent, tu auras toujours de quoi prendre ton billet de troisième et celui de ton grand-père. Dépêche-toi. Je t'attends. »

Après une grande excursion d'adieu, au Tholonet et au « barrage, » Zola, un soir, embrasse Cézanne et Baille. « Nous nous retrouverons tous les trois à Paris. » Et, léger d'argent et de bagage, incertain de l'avenir, le cœur gros de quitter, peut-être pour toujours, sa chère Provence, cette banlieue d'Aix, dont il connaît les moindres recoins et dont il emporte en lui, comme une bonne odeur fraîche, un enivrement d'adolescence au grand air, le voilà en route pour la grande ville.

III

FIN DES ÉTUDES, A PARIS

Donc, un soir de février 1858, Émile Zola, âgé de dix-huit ans moins quelques semaines, arrive à Paris où, depuis sa première enfance, il avait fait deux séjours, d'un an à dix-huit mois chacun : le premier vers six ans, le second à onze ans.

Après les premières effusions de l'arrivée, une fois dans l'omnibus qui déposera, 63, rue Monsieur-le-Prince, la mère, le fils et le grand-père, avec leurs légers bagages — tout ce qu'il leur reste de ce qu'ils ont possédé en Provence ! — Émile se penche à l'oreille de sa mère.

— Eh bien, demande-t-il ?

— Eh bien, tu pourras ici continuer tes classes !... Je suis allé voir M. Labot, et il m'a promis de s'occuper de toi.

Ancien ami de François Zola, M. Labot, avocat au conseil d'État, recommanda le fils à M. Désiré Nisard, alors directeur de l'École normale, et ancien condisciple lui-même de M. Labot. Grâce à cette haute recommandation universitaire, Émile obtint tout de suite une « bourse » au lycée Saint-Louis. Il y continua sa seconde, section des sciences (1858). Il y fit également sa rhétorique (1858-1859).

Le voilà donc dans un lycée de Paris, en arrivant du collège d'Aix. Il y éprouva, les premiers jours, il me l'a raconté depuis, une stupéfaction profonde. Au lieu des natures provençales, de ces grands gamins turbulents, ignorants et grossiers, qui étaient ses condisciples dans le Midi, il trouvait de jeunes hommes précoces, pas meilleurs mais plus sérieux sous un masque d'ironie fine, se livrant moins, avec cela au courant de tout, lisant les journaux, rêvant des charmes de la cabotine en vogue. Plus âgé que la plupart de ses nouveaux condisciples, il se sentait inférieur, gauche et en retard, très intimidé. Il se produisit même une chose assez curieuse. A Aix, les loustics du collège l'avaient plaisanté autrefois sur son accent du Nord, l'appelant « *franciot* » et « parisien ; » maintenant, à Paris, les lycéens lui trouvaient un certain accent du Midi, et l'appelaient « marseillais. » Enfin, plus que jamais, il se sentait pauvre.

Il ne contracta donc pas de nouvelles amitiés. Il vécut au lycée Saint-Louis, sombre et ramassé sur lui-même, regrettant la Provence et son enfance si libre, pensant à chaque instant à ses anciens amis. « Ah ! si Baille seulement était ici ! Si je pouvais causer de cela avec Cézanne ! » D'ailleurs, il ne travaillait pas. Ni devoirs ni leçons, rien : un cancre ! Lui, toujours le premier au collège d'Aix, c'est à peine s'il daignait encore « composer, » et, dans une classe, à la vérité très nombreuse, il n'était plus maintenant que quinzième ou vingtième. Excepté pourtant en narration française. Là, il était second, il était premier.

Un jour, le sujet de la narration donnée était celui-ci : *Milton aveugle, dictant à sa fille aînée, tandis que sa seconde fille joue de la harpe.* J'ignore quelles fioritures de style dut broder le jeune lycéen sur ce thème académique. Mais le professeur, M. Levasseur, aujourd'hui membre de l'Académie des Sciences morales et politiques, fut si enchanté qu'il lut la narration devant toute la classe, et fit solennellement la prédiction à l'élève Zola d'un talent futur.

Si l'élève Zola ne « s'appliquait » qu'en narration française, il lisait, en revanche, beaucoup. Dans ces classes des lycées de Paris, où chaque professeur fait son cours à des cinquante élèves échelonnés sur des gradins en amphithéâtre, l'attention et l'assiduité sont, nécessairement, facultatives. Écoute le professeur et suit la classe, qui veut. Lui, écoutait Hugo, Musset, Rabelais et Montaigne ! Ces professeurs

extra-universitaires lui apprenaient en ce temps-là
à aimer deux choses : d'abord la poésie romantique,
fleur de jeunesse et de fantaisie, éclatante et folle;
puis, tout de suite un correctif, la belle prose française, rapide et nette, logique. Mais ces goûts littéraires contribuaient eux-mêmes à l'éloigner des
exercices classiques. Il passait la plus grande partie
des études à écrire, à ses amis de Provence, de longues, d'interminables lettres. Malgré le papier pelure, il fallait deux ou trois timbres pour les affranchir. Et, dans ces volumineuses confidences, Zola,
qui souffrait d'une sorte de mal du pays, racontait
à Cézanne et à Baille l'ennui de la vie au lycée,
l'incertitude de l'avenir, les lectures, les premiers
essais littéraires. Il y avait de tout, dans ces lettres :
de la prose et des vers, de grandes pièces de vers
romantiques ! des larmes rentrées et des projets
superbes ! des enfantillages, de la naïveté, et des
éclairs de talent ! surtout d'ardentes discussions philosophiques, morales, esthétiques, écho de celles des
longues promenades des trois amis ! Au fond de ce
jeune esprit, qui n'en était encore qu'à la période
des vers, déjà un raisonneur et un critique s'éveillaient.

Enfin, cette interminable année scolaire se termine. Zola n'eut que le second prix de narration
française. Pour l'encourager au travail, sa mère,
toujours indulgente, voulut lui faire passer de bonnes
vacances. Au lieu de le laisser s'ennuyer dans Paris,

loin de ses amis Baille et Cézanne, il ira vivre quelques semaines auprès d'eux, dans sa Provence regrettée. Il eut donc de belles vacances dans le Midi, deux mois de grand air, de liberté, avec les anciens camarades retrouvés. On renouvela toutes les anciennes parties. On se baigna encore dans l'Arc, on refit les ascensions de la colline Sainte-Victoire et du Pilon-du-Roi, on retourna aux Infernets, au « Barrage, » au pont de Roquefavour. On reprit les longues chasses pour rire, où l'on finissait par décharger son fusil sur un caillou jeté en l'air. Et les lectures en commun, les grandes discussions littéraires, esthétiques, les confidences, la communication des premières productions, recommencèrent. Cette fois, Émile avait à raconter à ses deux amis des rêves plus larges, des plans de grands poèmes, tout un ensemble encore vague et confus, à débrouiller, à réaliser.

Après ces vacances délicieuses, il revint à Paris, pour la rentrée, dans les premiers jours d'octobre. Mais, comme si Paris, décidément, ne devait pas lui réussir, à peine arrivé, il tomba gravement malade. Une fièvre muqueuse, très violente, faillit l'emporter, et fut suivie d'une longue convalescence. Deux mois de retard pour entrer au lycée : ce qui ne devait pas contribuer à lui faire faire une bonne rhétorique.

La rhétorique de Zola à Saint-Louis ressembla absolument à sa seconde : même regret de la Provence, même dégoût du travail universitaire, mêmes lectures indépendantes. Toujours de longues lettres aux camarades du Midi; toujours une ombrageuse timidité l'éloignant de toute nouvelle amitié. En discours français, pourtant, la même supériorité que l'année précédente. en narration française. Non moins perspicace que M. Levasseur, le professeur de rhétorique, M. Étienne, avait remarqué les discours français de l'élève Zola. Bien qu'il leur fît le reproche, sans doute mérité, d'être « trop romantiques, » il aimait à en donner lecture lui-même à sa nombreuse classe, et, très agréable lecteur, il leur faisait produire un grand effet.

Enfin, nous voici en août 1859. Sa rhétorique terminée, que va faire notre élève? Très en retard pour son âge — dix-neuf ans sonnés! — sans un sou de fortune, ayant hâte de se faire une position et de soutenir sa mère à son tour, il saute « la philosophie, » et se décide à affronter tout de suite l'épreuve du baccalauréat ès sciences.

Le baccalauréat! Quel dédain pour ce mot, dès ce temps-là, et pour les diplômes en général, et pour toutes les distinctions universitaires, académiques, sociales. On trouve déjà, chez Zola, un révolutionnaire d'instinct, qui descend au fond des choses, disposé à ne s'incliner que devant le talent original. Mais, en même temps, grâce à un heureux équilibre, à côté du révolté, il y a en lui le raisonnable : résigné, capable de toutes les souplesses, merveilleusement apte à mettre en œuvre l'élan et le ressort, dont il est redevable à l'autre moitié de sa nature. Ainsi, dans ce cas particulier du baccalauréat, le matin où il arrivait à la Sorbonne pour les épreuves écrites, je m'imagine le voir : au fond très calme, indifférent, acceptant le résultat quelconque, mais à la surface un peu ému, un peu tremblant, ayant sur la conscience de n'avoir rien fait depuis dix-huit mois, se sentant très mal préparé, redoutant enfin un insuccès probable, presque certain, qui affligera sa mère.

Alors, qu'arrive-t-il ? ce qui arrive neuf fois sur dix en matière d'examen et de concours public : de l'imprévu, de l'illogique et du grotesque. Reconstituez la petite tragi-comédie suivante.

Le soir du jour des épreuves écrites, le candidat bachelier se couche avec la conviction d'avoir fait une version très médiocre et de ne pas avoir trouvé la solution juste de ses problèmes. Le lendemain matin, à son réveil, une lâcheté le prend. Pourquoi ne pas rester bien chaudement dans son lit, au lieu de risquer une course inutile ? Il se décide pourtant à se lever, va à tout hasard à la Sorbonne, consulte la liste des candidats « reçus à l'écrit : » quel n'est pas son étonnement de se voir le second sur cette liste ! Il n'a donc plus qu'à soutenir l'épreuve orale, une bagatelle. Son tour arrive. D'abord, la partie scientifique : superbe ! Physique et chimie, histoire naturelle : très bien ! Mathématiques pures, algèbre et trigonométrie : bien ! Boules blanches sur boules blanches! Déjà le succès de l'examen est hors de doute. Ce ne peut plus être qu'une question de « mention. » Zola adresse un clignement d'œil à un camarade, qui se lève, quitte la salle d'examen, et court annoncer le triomphe à la mère. Enfin, il arrive devant le dernier professeur, chargé, celui-ci, d'interroger sur les langues vivantes et sur la littérature.

— Voyons! d'abord, un peu d'histoire, dit l'examinateur... Veuillez me dire, monsieur, la date de la mort de Charlemagne.

Zola, visiblement troublé, hésite, et finit par balbutier une date. Il ne se trompait que de cinq cents ans. Il faisait mourir Charlemagne, sous le règne de François Ier.

— Passons à la littérature, dit sèchement le professeur.

Et il lui demande l'explication d'une fable de La Fontaine. Ce professeur et Zola ne pensaient sans doute pas de même en littérature, car le premier ouvrait des yeux de plus en plus irrités, à mesure que l'autre expliquait La Fontaine comme il le sentait, sans doute avec des vues très romantiques.

— Passons à l'allemand, dit-il de plus en plus sèchement.

Ici, le candidat, d'une réelle ignorance en langues vivantes, ne peut même pas lire le texte allemand. Alors, le professeur hausse les épaules.

— Cela suffit, monsieur!

L'examen oral est terminé, et, penchés à l'oreille

les uns des autres, ces messieurs délibèrent. La délibération est longue. Les professeurs de sciences, encore émerveillés de la lucidité d'esprit, de la netteté de déduction du candidat, intercèdent pour lui, conjurent leur collègue de ne pas maintenir la note « nul » qui entraînait de plein droit l'ajournement. Mais leurs efforts furent vains : le professeur de belles-lettres maintint la note. Que n'ai-je le temps, aujourd'hui, d'aller fouiller au fond des archives universitaires! J'aurais voulu livrer au public le nom du héros qui, lui, tout seul, refusa au baccalauréat l'auteur des *Rougon-Macquart*, pour l'avoir trouvé « nul » en littérature.

Cet échec n'empêcha pas Zola d'aller, comme l'année précédente, passer de bonnes vacances dans le Midi. Huit jours après, en blouse et en gros souliers, le carnier sur l'épaule, il courait de nouveau dans les collines avec Baille et Cézanne, à huit cents kilomètres de Paris, à mille lieues de l'Université. Cependant, les vacances écoulées, l'idée lui vint de faire un nouvel effort, de rapporter de Provence ce malencontreux morceau de parchemin qu'il n'avait pu conquérir à Paris. Il prolongea donc son séjour de quelques semaines, travailla, et se représenta à la session de novembre, à Marseille. Cette fois, lui qui, à Paris, où les classes sont plus fortes, avait été reçu le second, à « l'écrit, » ne passa même pas la première épreuve. Décidément, c'était une fatalité : il ne serait jamais diplômé! Pas plus que, vingt ans plus tard, décoré! De retour à Paris, il ne rentra pas au lycée. Nous sommes en novembre 1859. Le fruit sec avait vingt ans, moins quatre mois. Et, sans avoir passé comme les autres par la porte large qui, dit-on, mène à tout, il se trouvait maintenant devant la vie, en face de sévères réalités.

IV

LES DÉBUTS DANS LA VIE

Sans argent, ayant perdu le chimérique espoir de tirer par des procès une fortune de l'œuvre de son père, obligé de gagner immédiatement son pain, que pouvait faire Émile Zola? Tel fut le problème qui se dressa tout de suite.

Les premières semaines, après la sortie du collège, sont d'habitude pleines de charme pour les fils de familles riches, enchantés de se sentir enfin la bride sur le cou, n'ayant que l'embarras du choix devant toutes les carrières ouvertes. — « Oh! rien ne presse! Nous avons le temps de songer au sérieux! Pour l'heure, amusons-nous. D'ailleurs, nos parents ont travaillé, notre famille est là, pour nous entretenir en joie et en paresse. » — Zola, lui, ne put dire que ceci: « Comment vais-je manger demain? »

Manger, et payer le terme, et se vêtir ! Si encore il avait eu un métier manuel dans les doigts ! Son embarras et son découragement furent tels, qu'il se demanda, un instant, s'il ne devait pas entrer dans une imprimerie, pour apprendre le métier de typographe.

Quelques semaines après, au commencement de 1860, le même M. Labot, qui lui avait fait obtenir une bourse au lycée, lui procura bien une place. Mais quelle place ! Soixante francs par mois, dans un emploi infime, aux Doks, rue de la Douane. Pas même de quoi vivre, et aucun espoir d'augmentation. Zola, découragé, quitta les Doks au bout de deux mois.

Et, alors, tout le reste de cette année 1860, toute l'année 1861, et pendant les trois premiers mois de l'année 1862, le voilà lâché sur le pavé de Paris, sans position, sans ressources, ne faisant rien, n'ayant devant lui aucun avenir. Deux années entières de bohème. Une vie de misère, d'emprunts sollicités la rougeur au front, de dettes contractées sous la griffe du besoin. Une vie de hasards, d'engagements au mont-de-piété, de meubles abandonnés en payement. Enfin, une de ces périodes sombres, que ceux qui les ont traversées, ne se rappellent jamais sans un frisson.

Cependant, il ne faudrait pas pousser au noir. La jeunesse, la vie libre, l'ambition littéraire, entraînent avec elles tout un monde d'illusions, d'insouciance, de grandes joies pour de petites causes. Ce ne fut jamais la misère haineuse, sans espoir. Quand Zola se reporte à ces deux années, le gourmand, en lui, peut frémir au souvenir des repas faits avec du pain et du fromage d'Italie ; mais il lui arrive aussi de soupirer, à la pensée de cette misère, si pleine de larges espérances. Pour avoir eu des commencements difficiles, il n'en regrette pas moins, comme les autres, sa vingtième année. Il faisait des vers, en ce temps-là, rien que des vers. Il écrivait plus que jamais à ses deux camarades provençaux, de ces lettres comme on n'en écrit plus par la suite, de ces effusions en dix-huit pages, où il répandait ses rêves, sa vie, ses sensations, ses agrandissements d'horizon philosophique et littéraire. La littérature, eh ! il n'y voyait pas alors une profession. Quelques strophes, une page de prose de lui imprimée dans je ne sais quelle feuille de chou de province, l'empêchaient de dormir toute une nuit, passée à se lire et à se relire. Voir son nom en haut d'une de ces couvertures jaunes, ou roses, ou vert tendre, étalées aux vitrines des librairies, cela lui paraissait un rêve aussi lointain, aussi chimérique, aussi irréalisable, que d'obtenir la main d'une princesse de maison royale l'élevant tout à coup jusqu'au trône. Mais, si pas un cheveu de sa tête ne se doutait alors qu'il vivrait un jour de cette littérature, il l'aimait déjà instinctivement, pour elle-même, avec passion. Elle était son unique compagnie, en ce temps-là, car il vivait seul, sans amis, sans femmes, ne mettant pas les pieds dans les cafés ni dans les brasseries, n'ayant aucun rapport avec le monde littéraire. Les journaux, ses moyens ne lui permettaient d'en lire que rarement, et encore les lisait-il en garçon aussi peu initié que s'il vivait au fond d'un village perdu des Basses-Alpes. Sa grande occupation d'alors, son plaisir unique, était de passer des journées entières le long des quais, faisant d'interminables stations devant les bouquinistes, dévorant toute espèce de livres, à ces cabinets de lecture gratuits et en plein vent. Il était mal habillé, par exemple! Un certain paletot surtout, un paletot verdâtre, luisant aux épaules, montrant la corde, a longtemps fait son désespoir.

Je ne le connaissais pas à cette époque. Mais que de fois, depuis dix ans, en pleine lutte littéraire, et même plus tard, à l'heure du succès, ne l'ai-je pas entendu revenir volontiers sur ces souvenirs lointains. — « Tenez! mon cher, me disait-il encore dernièrement, je n'avais pas le sou, je ne savais pas ce que je deviendrais, mais n'importe! c'était le bon temps!... Ah! la jeunesse! les premières admirations littéraires! l'insouciance!... Quand j'avais bien lu le long des quais, ou que je revenais de quelque promenade lointaine, des bords de la Bièvre, ou de la plaine d'Ivry, je rentrais chez moi, je mangeais mes trois sous de pommes, et je travaillais... Je faisais des vers, j'écrivais mes premiers contes, j'étais heureux... Du feu? il n'y fallait pas penser, le bois était trop cher; les grands jours seulement, quelques pipes de tabac, et surtout une bougie de trois sous... Oh! une bougie de trois sous, songez donc : toute une nuit de littérature ! »

Aujourd'hui, il ne travaille plus la nuit. Et il ne fait plus de vers. Et s'il a toujours chez lui d'excellents cigares, c'est pour les autres: lui, a dû s'abstenir de fumer.

Voici, maintenant, les divers logements qu'il occupa à cette époque, et les souvenirs évoqués par chacun d'eux. Nous l'avons laissé, 63, rue Monsieur-le-Prince, dans son premier logement de Paris, où il demeura avec sa mère, de février 1858, date de son arrivée de Provence, à janvier 1859, moment où il suivait les cours du lycée Saint-Louis, en rhétorique, comme externe surveillé. Puis, de janvier 1859 à avril 1860, il avait habité, 241, rue Saint-Jacques. Là, par conséquent, fin de la rhétorique; aux vacances, dernier voyage à Aix ; double insuccès au baccalauréat; entrée dans la vie difficile; deux mois employé infime aux Docks.

De la rue Saint-Jacques, Zola passa au 35 de la rue Saint-Victor. Il y habita six mois, d'avril à octobre 1860, non pas au sixième, mais dans une construction légère élevée au-dessus de cet étage, par conséquent à un véritable septième. Devant la chambre, se trouvait une grande terrasse, d'où l'on voyait tout Paris. Cézanne était arrivé de Provence pour faire de la peinture. Les deux amis jetaient sur la terrasse une large paillasse, où ils passèrent bien des nuits d'été à causer peinture et littérature, sous les étoiles. Quelquefois, pour mieux voir ce Paris qu'il s'agissait de conquérir, grimpant avec une échelle, ils allaient s'asseoir tous les deux sur le toit du septième. C'est dans ce logement que furent écrits *le Carnet de danse*, un des premiers contes à Ninon, et un grand poème à la Musset : *Paolo*. L'année précédente, à Aix, entre les deux épreuves infructueuses du baccalauréat, le candidat malheureux s'était consolé en composant un premier poème : *Rodolpho*. Plus jeune encore, il avait écrit sur les bancs du lycée Saint-Louis : *la Fée amoureuse*, le plus ancien des contes.

D'octobre 1860 à avril 1861, Zola demeura rue Neuve-Saint-Étienne-du-Mont, seul pour la première fois : sa mère vivait alors dans une pension bourgeoise. La chambre qu'il occupait était un belvédère, une sorte de cage vitrée, posée sur le toit, et qu'on disait, dans la maison, avoir été habitée par Bernardin de Saint-Pierre. Il composa là un troisième grand poème: *l'Aérienne*, titre qu'on aurait dit inspiré par ce logement, où tous les vents du ciel couraient librement, d'une fenêtre à l'autre. Non seulement pas de feu, mais pas même de cheminée ! Il est neuf heures du matin, en hiver ; au dehors, un froid terrible, la neige, une bise glacée, le givre étoilant les vitres. Un jeune homme grelottant dans son lit, tout ce qu'il possède d'habits entassé sur les jambes, le nez et les doigts rougis, écrit quelque chose au crayon. Que peut-il bien écrire ? Des lignes qui ne vont pas jusqu'au bout ! des vers ! Et ce jeune homme est aujourd'hui l'auteur de l'*Assommoir !* L'hiver passa. Aux premiers beaux jours, des promenades au soleil dans le Jardin des Plantes, qui était à deux pas, lui causèrent des sensations délicieuses.

Le soleil, malheureusement, ne met pas de l'argent dans le vieux porte-monnaie défraîchi. Ici, la misère redouble. De son aérien et poétique belvédère, je dis poétique pour faire plaisir à l'ombre de l'auteur de *Paul et Virginie*, Zola échoue, 11, rue Soufflot, dans une maison aujourd'hui démolie, dans un hôtel garni, misérable et louche. Pour locataires, des étudiants et des filles. Les chambres n'étaient séparées que par des cloisons minces. On se doute de ce que notre jeune poète entendait au travers : bouteilles débouchées, rixes, baisers, soupirs, et le reste ! Tout à coup, au milieu de la nuit, des cris déchirants de femmes le réveillaient en sursaut. On eut dit le vacarme de cinq ou six assassinats commis en même temps. Ce n'était qu' « une descente : » les agents des mœurs faisaient une rafle. Là, au milieu de cette atmosphère de désordre et de vice, pendant un an, d'avril 1861 à avril 1862, pendant les huit premiers mois surtout, Émile Zola vécut d'une vie affreuse. Il y connut toutes les privations. Voici quels étaient ses menus : du pain et du café ; ou, du pain et deux sous de fromage d'Italie ; ou, du pain et deux sous de pommes. Quelquefois, rien que du pain! Quelquefois, pas de pain du tout! Ses vêtements, cela va sans dire, filaient l'un après l'autre au mont-de-piété. Même il lui arrivait, ayant fait porter au clou sa dernière nippe, d'être obligé de passer des trois ou quatre jours chez lui, sans pouvoir sortir, enveloppé des couvertures de son lit : ce qu'il appelait pittoresquement « faire l'Arabe. » Une fois, ayant couru en vain tout le quartier sans trouver à emprunter les quelques sous du dîner, et, il faut tout dire, ayant à ce moment sur les bras une femme, — une liaison de quelques semaines, — que fait le futur propriétaire de Médan? Il retire son paletot, le jette à la femme : « Porte ça au mont-de-piété ! » Et il rentre chez lui en bras de chemise, par un froid de plusieurs degrés au-dessous de zéro.

Malgré tant de misère, Zola ne traversa jamais d'époque plus sereine, plus heureuse intellectuellement. La vie a de ces compensations. Une magnifique insouciance le rendait insensible aux souffrances matérielles. Il nourrissait mal son corps, mais son esprit, développé par la lecture et le raisonnement, assoupli déjà par la gymnastique du travail quotidien, commençait à voir clair en lui. Fixé désormais sur sa vocation littéraire, ne se sentant plus le courage d'embrasser n'importe quelle autre carrière, il s'aperçut un beau matin qu'en réunissant ses trois poèmes, il avait un volume de début, un volume de vers. *Rodolpho*, c'était l'enfer, l'enfer de l'amour ! l'*Aérienne*, le purgatoire ! *Paolo*, le ciel ! Dans sa pensée, cela formait donc un tout complet, une sorte de cycle poétique auquel il donna un titre général : « *l'Amoureuse comédie.* » Plus qu'à trouver un éditeur ! Le chercha-t-il réellement, cet éditeur ? Timide comme il l'était encore, vivant en dehors du monde littéraire, il se contenta, je crois, de le rêver. D'ailleurs, il avait déjà cette tendance des grands producteurs, à ne pas accorder beaucoup d'importance à l'œuvre faite, à reporter toutes ses préoccupations et toute sa sollicitude sur l'œuvre à faire. Maintenant, *l'Amoureuse comédie*, terminée, était reléguée au fond d'un tiroir, et il ne rêvait plus qu'à *la Genèse*, une autre grande trilogie poétique, bien plus haute, bien plus vaste, qui devait comprendre trois poèmes scientifiques et philosophiques. Le premier de ces poèmes aurait raconté « la Naissance du monde, » d'après les dernières données de la science moderne. Le second présentait un tableau complet de « l'Humanité, » une sorte de synthèse de l'histoire universelle, depuis les commencements de l'homme jusqu'à l'épanouissement de notre civilisation contemporaine. Enfin, le troisième et dernier, celui qui devait être sublime, sorte de résultante logique des deux autres, aurait chanté l'Homme s'élevant de plus en plus dans l'échelle des êtres, « l'Homme de l'avenir, » l'Homme devenant Dieu. Je n'étonnerai personne en révélant ici que le jeune poète, aux plans si audacieux, n'écrivit jamais de *la Genèse* que... les huit premiers vers ! D'ailleurs, les voici tous les huit, tels que je les ai retrouvés sur une vieille feuille de papier jaunie :

LA NAISSANCE DU MONDE

I

Principe créateur, seule Force première,
Qui d'un souffle vivant souleva la matière,
Toi qui vis, ignorant la naissance et la mort,
Du prophète inspiré donne-moi l'aile d'or.
Je chanterai ton œuvre et, sur elle tracée,
Dans l'espace et les temps je lirai ta pensée.
Je monterai vers toi, par ton souffle emporté,
T'offrir ce chant mortel de l'immortalité.
. . . .

Toute une vie, un travail de bénédictin, un souffle poétique extraordinaire nourri par une universalité de connaissances, voilà ce qu'il eût fallu pour une pareille tâche. Et encore une besogne aussi héroïquement synthétique était-elle faisable dans notre siècle de transition et d'analyse, où les grandes inventions aux conséquences encore inconnues se multiplient, où le progrès marche par bonds, où la vérité d'hier soir n'est plus celle de ce matin ? Néanmoins, je trouve attendrissant ce garçon de vingt et un ans, qui n'a pas de pain, et qui se plonge dans les livres scientifiques, qui relit Lucrèce et Montaigne, et qui, avant d'avoir vécu lui-même, projette de constater où en est la vie de l'humanité. Plus tard, quand le jeune rêveur sera devenu un homme pratique, il lui restera quelque chose de cette tendance à « faire grand, » et, romancier, il écrira, non pas des romans isolés, mais « *l'Histoire naturelle et sociale d'une famille sous le second Empire.* »

C'est vers la fin de cette cruelle année (1861) que, muni d'une recommandation de M. Boudet, membre de l'Académie de médecine, Zola se présenta chez l'éditeur Hachette. Malheureusement, il n'y avait pas de place immédiatement vacante, et M. Hachette ne put le prendre comme employé que quelques semaines plus tard. En attendant, pour apporter un adoucissement à la situation du jeune homme, tout en ménageant son amour-propre, M. Boudet lui glissa une pièce d'or dans la main, en le priant de remettre à domicile ses cartes de jour de l'an. Un jour de l'an bien triste! Parmi ces cartes, plusieurs étaient destinées aux parents de certains de ses condisciples. Mais, un mois après, en 1862, le distributeur de cartes par occasion, entrait dans la maison Hachette, au bureau dit « du matériel, » avec des appointements de cent francs par mois. Pendant quelques semaines, ses fonctions se bornèrent à « faire des paquets. » Puis, montant en grade, il entra au bureau de la publicité. Le pain était désormais assuré. Laborieux et consciencieux, comme il l'est par nature, il en avait fini à jamais avec la bohème ; il avait désormais pied dans la vie ; il était sauvé.

Mais la vie régulière et normale a elle-même ses mélancolies. Dans son bureau, près de la fenêtre où se trouvait sa table, le nouvel employé, — déjà, à vingt-deux ans, porté à l'hypocondrie, — avait à refouler des tristesses toutes nouvelles. Ne plus être libre ! Travailler forcément et chaque jour, aux mêmes heures ! Une voix secrète vous souffle tout bas : « Tu étais bien plus gai et bien plus heureux, quand tu n'avais pas le sou ! » Une autre tentation aussi contre laquelle il eut à lutter : « Tous ces livres qui me passent par les mains, je n'ai pas le loisir de les lire. » Un vrai supplice pour un jeune écrivain. Mais il est déjà une volonté et une force. Non seulement il fait un employé passable, mais, chaque soir, et le dimanche toute la journée, il travaille pour lui.

A partir de ce moment, plus de vers ! Soit qu'il ne se reconnaisse décidément pas poète, ou qu'ayant un sens de la vie littéraire très pratique, il croie la prose un outil plus moderne, il se donne à la prose tout entier et pour toujours. Il avait déjà écrit deux contes, *la Fée amoureuse* et *le Carnet de danse*. Il se mit à en écrire un autre, puis un autre, puis un autre. Pendant deux ans, de 1862 à 1864, il fit ainsi de courtes nouvelles, qui, réunies, devaient former son premier volume. Outre que ses fonctions d'employé lui prenaient la plus grande partie de son temps, il travaillait fort lentement au début, ayant le travail très difficile, ne faisant guère plus d'une page dans toute sa soirée. Il est d'ailleurs à remarquer que ce premier volume, qui ne contient qu'en germe la puissance et la largeur de conception à laquelle le romancier devait s'élever dans la suite, est d'un style très soigné, déjà merveilleusement équilibré. Je dirai même que c'est le plus *écrit* de ses livres, le « trop écrit » étant à mes yeux un défaut.

Voici les divers logements de Zola pendant ces deux ans.

Du terrible hôtel garni de la rue Soufflot, il alla habiter, 7, impasse Saint-Dominique, dans une maison aujourd'hui démolie. C'était un ancien couvent, aux longs couloirs voûtés, ayant conservé quelque chose de la paix d'autrefois. Il avait meublé là une chambre d'aspect monacal. La fenêtre donnait sur de vastes jardins. C'est dans cette chambre qu'il écrivit trois de ses contes : *Le sang; Simplice; les Voleurs et l'Ane*. Ensuite, il habita rue de la Pépinière, à Montrouge, logement romantique celui-là, dont les fenêtres donnaient sur la vaste étendue du cimetière Montparnasse ; il y composa *Sœur des pauvres*, et le plus aigu, le plus vibrant de ses premiers contes : *Celle qui m'aime*. Puis, au commencement de l'hiver 1863-1864, il vint se loger rue des Feuillantines, n° 7, encore dans une vieille maison, où il trouva une grande chambre, dont la vue s'étendait jusqu'aux jardins de l'École normale.

Ce n'était plus la misère noire, mais ce n'était pas la fortune, ni même l'aisance. Pendant une dizaine d'années encore, il eut à se débattre dans une sorte de gêne, luttant contre la dette, obligé de parlementer avec des huissiers : souffrances d'argent, souffrances réelles que connut bien Balzac, mais qui servent d'aiguillon aux forts, et qui ne paralysent que les faibles.

Non seulement l'emploi dans la maison Hachette tira Zola de la misère, l'affranchit des dangers de l'oisiveté et des compromissions funestes de la bohème ; mais sa véritable éducation littéraire et parisienne fut faite là. Il dut à ses fonctions mêmes de chef de la publicité, toute une initiation. En rapports quotidiens avec les écrivains et avec les journaux, avant d'être du bâtiment, il acquit une connaissance précoce et bien utile de tout le personnel du monde littéraire. Que de fois, maintenant encore, quand je lui parle de quelque homme de lettres, souvent de notoriété fort restreinte, rencontré par moi dans un milieu étrange, je l'entends s'écrier : « Un tel ? je l'ai connu autrefois, chez Hachette. » C'est là qu'il vit de près, de bonne heure, ce que sont les journaux, et qu'il les englobât tous, hebdomadaires ou quotidiens, boulevardiers ou doctrinaires, républicains ou monarchistes, dans un même mépris. « Tous, des boutiques ! »

Pendant près de quatre ans, MM. Taine, About,

Amédée Achard, Prévost Paradol, d'autres encore, en leur qualité d'auteurs de la maison, eurent souvent des rapports avec le jeune employé. J'ignore si, à quelque phrase ardente du jeune homme, un de ces écrivains pressentit la renommée future d'Émile Zola. Non seulement avec les auteurs célèbres, mais avec les nouveaux venus, les débutants apportant un manuscrit, il se tint sur la réserve, et ne contracta aucune nouvelle amitié. Peu liant, il en resta à ses vieux amis du Midi : Paul Cézanne venait de prendre un atelier à Paris ; Baille, élève à l'École polytechnique, sortait deux fois par semaine. Les « trois inséparables » réalisaient donc leur vieux rêve, caressé sous les platanes de la cour carrée du collège, et dans les grandes promenades, au milieu des collines pelées : à trois, sans se quitter, en se soutenant mutuellement, conquérir Paris. Maintenant, c'était dans Paris même et aux environs, qu'ils faisaient de longues promenades, le dimanche. Et, il n'y avait pas à dire : la grande conquête était commencée ! Paul, le plus fortuné des trois, mais le plus frissonnant et le plus tourmenté, les initiait à ses rêves de peintre. Baille, le plus maître de lui, le plus froid, tourné vers la science pure, ambitionnait une haute situation scientifique. Tenant à la fois de l'un et de l'autre, leur servant de trait d'union, plus complet et plus dans la vie, Zola était déjà un centre. C'est à cette époque qu'il commença à recevoir le jeudi : réceptions sur lesquelles je reviendrai, et dont le personnel s'est augmenté à la longue, mais dont le caractère d'intimité est resté le même. Marius Roux, le plus ancien ami, celui du pensionnat Isoard, y fut assidu. Baille et Paul Cézanne amenèrent quelques rares camarades, entre autres Antony Valabrègue, un poète débarqué d'Aix également, le même qui m'introduisit dans la maison, quelques années plus tard. Puis, beaucoup plus tard encore, j'introduisis moi-même une partie des derniers venus. De sorte que, à eux tous, les habitués de la maison forment comme une chaîne d'amitié non interrompue. A ces premières réceptions du jeudi, il n'y avait certes pas le même luxe de petits fours ni de liqueurs exotiques qu'aujourd'hui ; mais, on y trouvait la même tasse de thé et la même poignée de main affectueuse, le même accueil bonhomme, de celui que la légende représente comme un malade d'orgueil passant sa vie à adorer son nombril et à se le faire adorer par une bande de galopins.

Cependant, Emile Zola prenait peu à peu, dans la maison Hachette, une situation supérieure à celle d'un employé ordinaire. Un samedi soir, avant de quitter la librairie, il s'était introduit dans le cabinet de M. Hachette, et avait déposé sur le bureau un manuscrit de « *l'Amoureuse comédie.* » Jugez dans quelles transes il dut passer son dimanche ! Comment M. Hachette allait-il prendre la confidence ? Allait-il, le lundi, lui dire : « Vous êtes un enfant sublime : je vous édite ! » Ou bien, notre débutant recevrait-il une algarade décourageante ? Le lundi matin, Zola arrive à la librairie, et essaye de lire son sort sur le front du vieil éditeur. Rien ! ce front reste impénétrable ! Enfin, un peu avant midi, au moment du départ des employés pour le déjeuner, M. Hachette l'appelle dans son cabinet et, faveur inaccoutumée, le prie de s'asseoir. Sans crier au chef-d'œuvre — il n'y avait pas lieu, je crois — l'éditeur parle avec bonté au poëte, et l'encourage. Ce fut à partir de ce jour qu'il montra plus de considération pour le jeune homme, s'intéressa davantage à lui, et non content d'avoir porté ses appointements à deux cents francs, s'ingénia à lui procurer de temps à autre quelques travaux supplémentaires.

Deux mois plus tard, M. Hachette lui ayant demandé une nouvelle pour un journal d'enfants que publiait sa librairie, Zola écrivit : *Sœur des pauvres*. L'éditeur, après avoir lu ce conte, fit encore venir l'auteur dans le fameux cabinet, où il lui dit ce mot singulier : « Vous êtes un révolté ! » La nouvelle, jugée trop révolutionnaire, ne fut pas imprimée. On peut la lire dans les *Contes à Ninon*.

Tout en faisant ainsi son chemin comme employé, Zola travaillait pour lui. Le soir, son dîner achevé, vers huit heures et demie, il se mettait à écrire. L'habitude d'un travail régulier, qu'il a toujours eue depuis, remonte à 1862. Et, particularité curieuse, l'habitude de ce travail du soir était alors si forte, que le dimanche matin, lorsqu'il voulait profiter de sa liberté pour donner un coup de collier, il fermait d'abord les persiennes et allumait une bougie, ne pouvant travailler que dans cette nuit volontaire.

Au commencement de l'année 1864, Zola se trouva avoir la valeur d'un volume de nouvelles : premier résultat de son labeur quotidien. Ce volume, tout son bagage de prose, il s'enhardit à le présenter à un éditeur : pas à M. Hachette, cette fois, mais à M. Hetzel. Le manuscrit se composait des contes dont j'ai donné plus haut l'énumération, en les répartissant dans les divers logements où ils furent composés. De ces contes, certains étaient inédits, d'autres avaient été imprimés dans diverses publications : *la Fée amoureuse*, à Aix, en 1859, dans le journal « *La Provence;* » *Simplice* et *le Sang*, dans *la Revue du Mois*, à Lille, en 1863. *Celle qui m'aime*, s'était cassé le nez au *Figaro* hebdomadaire. Comment M. Hetzel allait-il accueillir ce volume de début?

Je n'insiste pas sur les émotions du débutant, émotions par où il faut avoir passé pour les comprendre. Enfin, un jour, Zola trouve, en rentrant chez lui, deux lignes de M. Hetzel, un simple «Veuillez passer demain chez moi, à telle heure. » Ici se place une promenade pleine d'hypothèses fiévreuses dans le jardin du Luxembourg, et suivie d'une longue nuit d'insomnie. Le lendemain, le débutant s'échappe de la librairie Hachette et court chez M. Hetzel, qui lui dit : « Votre volume est pris. Voici M. Lacroix, qui vous édite. Il va vous signer un traité. » L'affaire fut conclue séance tenante. Un traité, songez donc ! Est-on heureux, quand on signe ce premier traité ! Tient-on fièrement la plume, qui vous tremble un peu dans les doigts ! Quelques minutes après, Zola, essoufflé d'avoir couru, annonçait la grande nouvelle à sa mère. Cela se passait en juillet 1864. Le 24 octobre, parurent les *Contes à Ninon*, premier volume, que je n'ai pas à juger ici. Je ne donne que des faits.

Les *Contes à Ninon* publiés, Emile Zola continua pendant dix-huit mois sa double existence, employé le jour chez l'éditeur Hachette, consacrant ses soirées et son dimanche à des travaux littéraires. En 1865, il donna quelques articles au *Petit Journal*, deux ou trois courtes nouvelles à la *Vie Parisienne*, entre autres la *Vierge au Cirage;* et dans le *Salut public*, de Lyon, il commença à faire paraître de grandes études littéraires et artistiques, qui furent réunies plus tard en volume sous le titre : *Mes Haines*. Enfin, toujours en 1865, il termina la *Confession de Claude*, dont le premier tiers avait été composé en 1862, dans l'intervalle de deux contes. La *Confession de Claude* parut en octobre 1865, juste un an après les *Contes à Ninon*, toujours chez Lacroix. Ce second volume rapporta quelques droits d'auteur, tandis que le premier avait été édité pour rien.

C'est vers la fin de cette même année 1865, que le jeune auteur prit une résolution grave : lâcher son emploi, pour se consacrer tout entier à la littérature et ne plus vivre désormais que de sa plume. Il avait maintenant deux volumes publiés ; il commençait à placer çà et là de la copie, son nom ayant une petite notoriété naissante. D'un autre côté, un envoyé du parquet était venu chez Hachette demander des renseignements sur l'auteur de la *Confession de Claude*, dont certains détails réalistes avaient ému la pudeur du Procureur impérial. Zola, en novembre, crut devoir donner sa démission pour le 31 janvier de la nouvelle année, se réservant ainsi deux grands mois, pendant lesquels il chercherait une place dans le journalisme.

Donc, en six ans, de 1859 à 1865, celui qui avait eu des débuts si difficiles, celui qui, sa famille ruinée, son baccalauréat raté, s'était trouvé un moment sur le pavé de Paris, sans pain et sans espoir, celui-là, par sa volonté, par son intelligence et son travail méthodique, était parvenu à sortir de la misère noire. Et, maintenant, il n'avait plus qu'à se battre, car il entrait en plein champ de bataille.

V

LA LUTTE LITTÉRAIRE

Vivre de sa plume, remplacer les deux cents francs de son emploi, qui lui tombaient régulièrement chaque fin de mois : tel était tout d'abord le problème. Le « livre, » il ne fallait pas y compter pour le moment ; arrivant même à une seconde édition, ce qui est joli pour un débutant, un roman rapporte trop peu. Le « théâtre, » plus productif, il n'osait même y songer, car les portes lui en étaient fermées, des portes qui demandent longtemps pour être enfoncées. Restait le « journal. » Donc, dans quelle feuille parisienne devait-il essayer de se caser ?

Depuis quelques années, à côté du grand journalisme politique, reléguant la littérature au rez-de-chaussée, ou l'enclavant à la troisième page, sous la rubrique « Variétés, » entre les faits divers et les

annonces, — il en sortait de terre un nouveau, dit
« petit journalisme, » mais plus vivant, plus moderne, approprié au besoin d'enquête de l'époque,
nourri surtout d'actualité, d'informations, de faits,
reléguant les théories politiques au second plan,
accordant plus de place à la littérature. M. de Villemessant, un des créateurs de ce nouveau journalisme, à côté de son *Figaro* hebdomadaire, venait
de fonder l'*Événement*, journal quotidien à deux
sous.

Zola s'était trouvé maintes fois en rapports d'affaires, chez Hachette, avec M. Bourdin, gendre de
M. de Villemessant. A la suite de diverses conversations avec celui-ci sur les idées de son beau-père,
il écrivit à M. de Villemessant une lettre, où il lui
proposait de faire pour les livres ce qu'un rédacteur
spécial faisait dans l'*Événement* pour les théâtres :
annoncer les publications nouvelles, comme on
annonçait les pièces, en donner d'avance l'analyse,
récolter des anecdotes sur leur composition, sur les
auteurs, enfin reproduire des extraits des bonnes
feuilles communiquées d'avance par les éditeurs. La
réponse ne se fit pas attendre : elle donnait rendez-vous à Zola pour le lendemain. M. de Villemessant,
enchanté, le reçut très bien, et, séance tenante, le
prit comme rédacteur, à l'essai : — « Pendant un
mois, tout ce que vous donnerez, passera : l'*Événement* est à vous ! A la fin du mois, je saurai si vous
avez quelque chose dans le ventre, et je déciderai de

votre sort. » La rubrique adoptée fut celle-ci :
« *Livres d'aujourd'hui et de demain.* » Voilà un véritable rédacteur en chef! Et je recommande son exemple aux inintelligents spéculateurs, qui, vingt ans après, veulent jouer les Villemessant, à la tête des grands journaux républicains ou autres.

Sorti de chez Hachette le 31 janvier, Émile Zola débuta donc à l'*Événement*, dans le numéro du 2 février 1866. La moitié du mois n'était pas écoulée, que M. de Villemessant lui avait déjà adressé des félicitations. A la fin du mois, Zola passe à la caisse, sans savoir encore à combien l'on avait fixé ses appointements. Le caissier lui remet cinq cents francs. Éblouissement du jeune journaliste! Cinq cents francs, songez donc! Jamais de sa vie encore, il n'avait touché à la fois une pareille somme. Comme il est doux à recevoir, ce premier argent que rapporte la littérature. On s'est donné quelquefois un mal de chien pour le gagner, et il semble qu'on ne vous le devait pas : c'est comme une alouette toute rôtie qui vous tomberait du ciel !

M. de Villemessant fut même si content des articles : « *les Livres d'aujourd'hui et de demain,* » qu'il n'hésita pas à confier le Salon à Zola. Celui-ci prit pour titre : « *Mon Salon,* » et consacra son premier article à une étude des membres du jury. L'émotion fut immédiate et extraordinaire, parmi les artistes. A chacun des articles suivants, le scandale ne fit qu'augmenter. On se demandait quel pouvait être cet Émile Zola, que personne ne connaissait et qui piétinait toutes les idées artistiques ayant cours, ne respectant rien des hommes ni des choses, jusque-là réputés les plus respectables. La logique, l'accent de conviction ardente avec lequel le nouveau critique d'art enfonçait la cognée, exaspérèrent. Ce qu'on trouva exorbitant par-dessus tout et intolérable, ce fut la défense acharnée de ce Manet, dont le talent original encore incompris excitait la colère et la risée, et que le critique mettait héroïquement au-dessus des médiocrités gorgées de succès. Des forcenés allèrent jusqu'à déchirer le journal en plein boulevard, devant les kiosques. Le salonnier de l'*Événement* recevait jusqu'à des trente lettres par jour, contenant quelques-unes des encouragements, la plupart des injures ; il faillit avoir un duel. Enfin, M. de Villemessant, inquiet, coupa court à l'émeute, en priant Zola de terminer brusquement *Mon Salon* en deux articles : ce qui fut fait. *Mon Salon* parut en brochure chez Julien Lemer. La brochure est aujourd'hui épuisée. Mais on retrouve, à la fin de la nouvelle édition de *Mes haines*, ces quelques articles, qu'il est bon de consulter, si l'on veut comprendre l'évolution artistique des vingt dernières années.

Une autre tentative de Zola à l'*Événement*, celle-là moins brillante, fut un feuilleton : le *Vœu d'une morte*. Peu après « *Mon Salon*, » désireux de tenter une expérience, il proposa à M. de Villemessant de lui faire un roman, non pas un roman réalisant toutes ses tendances artistiques, mais une œuvre spécialement écrite pour le journal, dans le but de plaire aux abonnés, sans négliger les suspensions habiles de « la suite au prochain numéro. » Il lui soumit même le plan du roman, qui fut agréé. Mais l'expérience ne fut pas heureuse : le *Vœu d'une morte* n'eut aucun succès. Soit que le public n'aime qu'à être violenté, soit qu'un véritable artiste se trouve paralysé en travaillant sur commande, le roman dut être arrêté à la fin de la première partie, et la seconde n'a jamais été écrite. Le *Vœu d'une morte* parut pourtant en volume, chez Achille Faure. Avec les *Mystères de Marseille*, autre roman écrit l'année suivante dans des conditions analogues, c'est ce que Zola a fait de moins bon, car ce sont les œuvres où il a le moins mis de lui-même.

Sous le titre « *Marbres et plâtres*, » il entreprit enfin dans l'*Événement* une série de portraits littéraires, qu'il signa « Simplice. » Edmond About, Taine, Prévost Paradol, Jules Janin, Flaubert, etc., etc., défilèrent tour à tour dans cette galerie. Sur ces entrefaites, le journal fut supprimé, et remplacé par le *Figaro* devenu politique et quotidien. Il y écrivit quelques articles de fantaisie. Mais sa faveur auprès de M. de Villemessant décroissait de jour en jour ; et, au commencement de 1867, il cessa toute collaboration.

Tel fut son passage dans les feuilles de M. de

Villemessant, feuilles où le plus grand nombre de ses contemporains ont débuté. On charge ordinairement le *Figaro* des crimes de toute la presse, bien que sa besogne ne soit pas pire que celle des autres journaux. Pour moi, je n'ai pas été surpris de voir Zola, treize ans plus tard, rentrer dans le journal où il avait fait ses premières armes. Du vivant de M. de Villemessant, tout rapport avait cessé entre eux. En outre, le *Figaro* s'est maintes fois livré à de féroces éreintements du romancier. Mais je sais que ce dernier gardait quand même un bon souvenir de M. de Villemessant : il avait de la reconnaissance pour l'homme et de l'estime pour l'intelligence du maître journaliste.

Une belle année d'ailleurs, pour Zola, que cette année 1866-67. De la jeunesse, de l'enthousiasme, et les premières douceurs du succès ! Toutes les difficultés d'une vie jusque-là si difficile, subitement aplanies ! De la liberté, plus de travail de bureau le tenant à l'attache ! Et, avec cela, de l'argent plus qu'il n'en avait jamais eu ! L'été venu, il put s'offrir une débauche de verdure, aux bords de la Seine, à Bennecourt. Là, pendant quelques semaines, les amis de Provence, Baille, Cézanne, Marius Roux, Valabrègue, vinrent tour à tour ; et je vous laisse à deviner les parties de canot, coupées de discussions artistiques qui faisaient soudain s'envoler les martinets de la berge. A Paris, tout en restant beaucoup chez lui et en noircissant déjà pas mal de papier,

Zola avait fait de nouvelles connaissances, surtout dans le monde des peintres. Avec Cézanne, qui venait alors de rencontrer Guillemet, il fit le tour des ateliers, surtout des ateliers de l'école dite « des Batignolles, » qui fut le berceau des impressionnistes d'aujourd'hui. C'est ainsi qu'il se lia avec Édouard Béliard, Pissaro, Monet, Degas, Renoir, Fantin Latour, etc.

Jadis, quand il était employé, Zola voyait quelquefois entrer dans son bureau un petit homme aux extrémités fines, froid, très correct, très raide, fort peu communicatif, qui lui demandait les livres nouvellement parus, pour en rendre compte dans un journal de Lyon. Puis, en attendant qu'on lui apportât les volumes, le petit homme aux façons sèches mais aristocratiques, prenait une chaise et s'asseyait sans rien dire. C'était Duranty. Si peu liant qu'il était, Duranty devint plus tard un ami de Zola, quand celui-ci l'eût rencontré de nouveau dans l'atelier de Guillemet. Entre ces deux hommes de lettres, d'un talent et d'une nature si dissemblables, de solides liens ne tardèrent pas à s'établir. Et, plus tard, affectionnant beaucoup moi-même Duranty, il m'a été donné d'assister à la curieuse action de ces tempéraments agissant l'un sur l'autre. Ces deux hommes n'avaient d'autre point de contact qu'une mutuelle estime pour leur intelligence. A chaque œuvre nouvelle, j'ai vu Zola se poser avec curiosité cette interrogation : « Qu'en pensera Duranty ? »

Celui-ci, qui n'était pas expansif, ne disait guère son vrai sentiment; d'ailleurs, l'auteur des *Rougon-Macquart* ajoutait en riant qu'il ne devait pas aimer du tout sa littérature. Pourtant, presque à chaque œuvre de son ami, j'ai vu Duranty stupéfait du pas fait dans cette œuvre, comparée à la précédente. Il n'aimait pas cela davantage, certes, mais il était prodigieusement étonné et reconnaissait à son confrère un « don surprenant d'assimilation et de perfectibilité. » J'en induis que tous deux peu à peu se rapprochaient : l'un allant de la couleur à l'analyse et l'autre venant de ses premières sécheresses à plus de souplesse et plus d'art dans la phrase, ce qui du reste, à mon sens, le diminuait en lui enlevant de son entêtement. Je me permettrai ici un souvenir personnel. Un jeudi soir de février 1880, la dernière fois qu'en sortant de chez Zola, je l'ai accompagné jusqu'à sa porte, par une nuit de mars sans lune, Duranty me disait, dans le noir de la rue Véron mal éclairée : « Je vais, avant un an, me mettre à un roman... Je n'attends que de m'être fait des certitudes qui me manquent, sur certains rapports entre le physique des individus et leur moral... On verra que je n'ai pas encore tout donné... » Puis, m'ayant serré la main, il rentra. En m'éloignant, je cherchais à deviner ce que serait ce roman; et, la curiosité piquée par ces « certitudes » auxquelles il espérait arriver sur les rapports du physique et du moral, je me promis de faire causer Duranty davan-

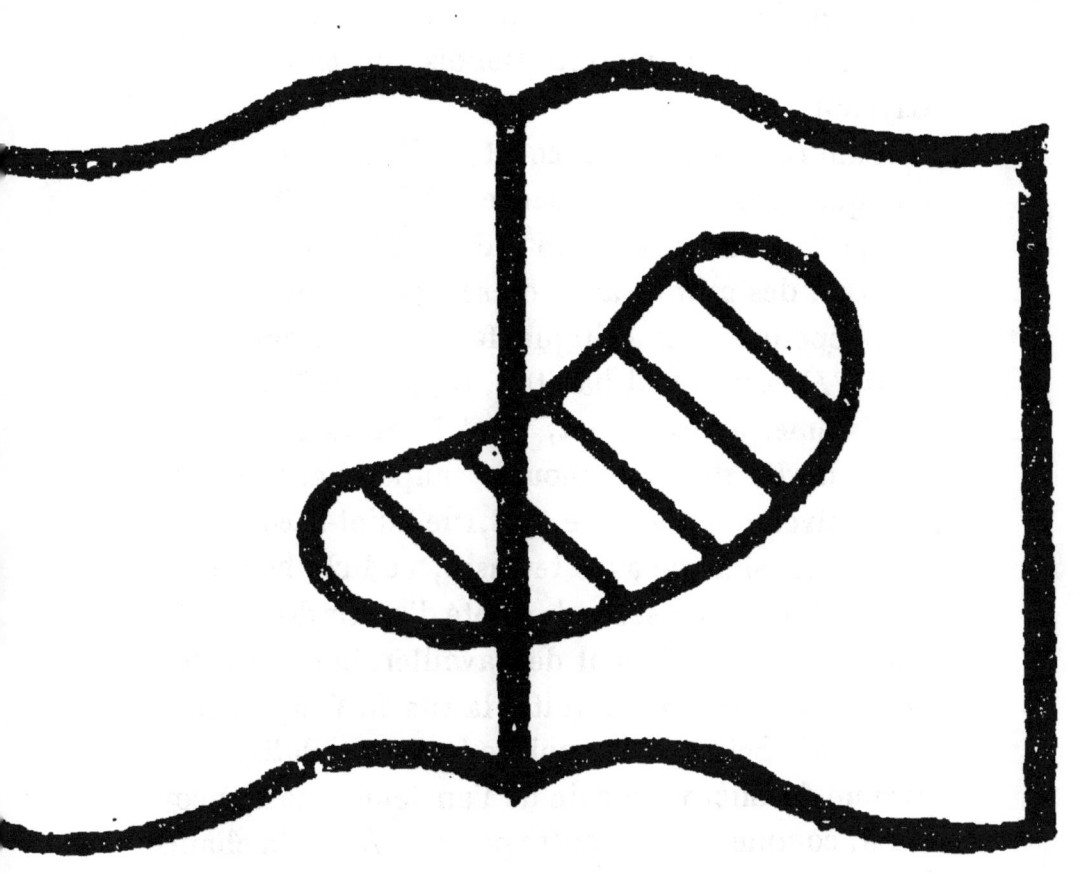

Illisibilité partielle

tage, quand je le reverrais. Hélas! je ne l'a[i]
revu. Quelques jours plus tard, nous accom[pagnâmes]
ses restes de la maison Dubois au cim[etière de]
Cayenne.

Il me reste à dire que ce fut par Duranty [et au mo-]
met que Zola fit connaissance d'Édouard M[anet, le-]
quel, à la suite du « Salon » de l'*Événement*[, devint]
aussi un des grands amis de son défenseur.

A l'époque où le critique faisait cette cam[pagne]
dans l'*Événement*, il habitait, 10, rue de Vau[girard,]
au sixième, un logement, dont la terrasse [donnait]
sur le jardin du Luxembourg; auparavant, il [avait]
successivement demeuré, 278, rue Saint-Jacques, e[n-]
core à un sixième avec terrasse, et 142, boulevard
Montparnasse, au second, à côté d'un tir dont les dé-
tonations l'empêchaient de travailler. Comme il sortait de l'*Événement*, il quitta la rue de Vaugirard, et
traversa la Seine, pour venir se loger aux Batignolles,
avenue de Clichy, au coin de l'ancienne rue Moncey.

Là, commença une autre période. Après la chance
heureuse du premier début, vinrent des heures difficiles, un recommencement de misère relative, d'autant plus sensible, qu'une année d'aisance l'avait
accoutumé à mener plus largement la vie. Bien que
n'ayant pas de situation fixe dans un journal, il
arriva toujours, en déployant beaucoup d'activité,
et en acceptant même des besognes peu relevées et
peu rétribuées, à se faire avec sa plume une moyenne
de trois ou quatre cents francs par mois. Outre divers

placés çà et là, il écrivit à cette époque, n « Salon » à la *Situation*, journal qui ap- au roi de Hanovre ; du reste, ses jugements s ayant terrifié la rédaction, ce « Salon » achevé. Pour gagner immédiatement quel- it, il se livra alors, comme je l'ai dit plus une tentative de roman-feuilleton écrit au our. Un certain M. Arnaud, mort depuis, un journal à Marseille : *le Messager de Pro-* Sur des documents judiciaires fournis par , Zola bâcla pour ce journal un grand roman is parties, qui lui fut payé deux sous la ligne, qui était superbe de la part d'une feuille de province. Les *Mystères de Marseille*, réunis en trois petites brochures, aujourd'hui introuvables, reparurent longtemps après, dans le *Corsaire* de M. Edouard Portalis, sous le titre : *Un duel social*. C'est de la fabrication pure : la phrase s'y trouve tout aussi correcte que dans les autres œuvres de l'écrivain, mais il n'y a pas de fond. La justification de l'auteur, c'est qu'il lui fallait gagner du pain. D'ailleurs, en ce temps-là, quand il passait son après-midi à brosser son feuilleton des *Mystères de Marseille*, il avait consacré sa matinée à écrire trois ou quatre pages d'une œuvre sérieuse : il travaillait à *Thérèse Raquin*.

Voici comment il eut l'idée première de ce roman. Le *Figaro* venait de publier en feuilleton la *Vénus de Gordes*, de MM. Adolphe Belot et Ernest Daudet, œuvre dans laquelle les auteurs, après avoir fait tuer un mari par l'amant de la femme, montraient les deux complices découverts et passant en cour d'assises. Dans un article, une sorte de nouvelle, qui parut au même *Figaro*, Zola imagina la donnée autrement saisissante d'une femme et de son amant ayant également assassiné le mari, mais dont le crime échappait à la justice des hommes; et le drame commençait là, par le supplice du remords entre les deux coupables, qui, se punissant l'un l'autre, passaient le reste de leur vie à se déchirer. En écrivant l'article, il s'était aperçu que le sujet, comportant une étude puissante, méritait les développements d'un grand roman. Et il s'était mis à l'œuvre, tout en faisant à côté des besognes inférieures pour vivre.

Commencée en 1866, rue de Vaugirard, *Thérèse Raquin* fut achevée en 1867, avenue de Clichy, et parut d'abord dans l'*Artiste*, revue d'Arsène Houssaye. Ce dernier avait déjà inséré une grande étude de Zola : *Édouard Manet*, qu'il paya deux cents francs. *Thérèse Raquin*, publiée sous le titre « Une histoire d'amour, » fut payée six cents francs. Le volume parut en octobre 1867, chez l'éditeur Lacroix, et eut un certain succès. M. Louis Ulbach, qui faisait alors au *Figaro* « les lettres de Ferragus, » consacra une lettre à l'éreintement de l'œuvre. Il n'était pas encore question, alors, de naturalisme. Mais Ferragus dénonça à l'indignation des honnêtes gens ce qu'il appelait « la littérature putride. » L'auteur obtint, de M. de Villemessant, l'autorisation de répondre à Ferragus dans le *Figaro*. Lancé par cette polémique, le livre se vendit bien, et, au commencement de 1868, eut les honneurs d'une seconde édition ; tandis que le volume de début, les *Contes à Ninon*, très bien accueillis par la critique, couverts d'éloges dans les moindres feuilles de choux, ont mis dix ans à se vendre à mille exemplaires. Dès la *Confession de Claude*, le romancier est conspué et appelé « égoutier littéraire. » Pour *Thérèse Raquin*, il s'agit de « littérature putride. » C'est le succès qui commence.

Le succès, mais peu d'argent. Il fallait ne pas s'endormir sur le bruit. Du logement de l'avenue Clichy, il était allé, rue Truffaut, habiter un pavillon avec jardin : c'est là qu'il écrivit *Madeleine Férat*.

Si *Thérèse Raquin* avait d'abord été ébauchée dans un article du journal, *Madeleine Férat* fut tirée d'un drame en trois actes, écrit en 1865, mais qui n'a jamais été joué. Au milieu de l'activité de cette lutte littéraire pour la vie, parmi tant de tentatives, à droite, à gauche, dans tous les sens, à côté du journalisme et du roman, Zola avait donc trouvé encore le temps de songer au théâtre. Et je dois mentionner ici ses essais dramatiques, antérieurs à la première pièce qu'il fit jouer.

1° Vers 1865, étant encore employé chez Hachette, il avait écrit *la Laide*, comédie en un acte, commencée en vers, puis mise en prose. L'acte achevé, fut aussitôt présenté à l'Odéon, et refusé. *La Laide* n'a jamais été jouée, ni imprimée.

2° En 1867, Zola, en collaboration avec son ami Marius Roux, avait tiré un grand drame des *Mystères de Marseille*, qui n'a jamais été imprimé, mais qui fut joué trois fois au théâtre du Gymnase, à Marseille, en octobre 1867. Les deux auteurs firent exprès le voyage et surveillèrent les deux dernières répétitions. Bien qu'égayée ça et là de quelques sifflets, la première marcha assez bien. Principaux interprètes : Pujol, Péricaud, et mademoiselle Méa.

3° Enfin, *la Madeleine*, drame en trois actes, composé en 1865, dans l'intervalle des deux autres pièces, — tentative plus sérieuse et plus littéraire. Il présenta d'abord *la Madeleine* au Gymnase. M. Montigny lui répondit immédiatement une lettre, aimable d'ailleurs, où il jugeait le drame impossible, fou, à faire crouler le lustre, si on le jouait. De M. Montigny, la pièce fut portée à M. Harmant, directeur du Vaudeville, qui, lui, ne prit sans doute pas la peine de la lire, et la rendit en la trouvant « beaucoup trop « pâle. »

C'est de *la Madeleine*, que fut tiré en 1868 le roman de *Madeleine Férat*. La pièce n'a jamais été jouée, ni éditée; mais le manuscrit existe encore, et l'on y reconnaîtrait des scènes entières qui ont passé dans le roman.

Madeleine Férat, parut d'abord en feuilleton et s'appela « la Honte, » dans un nouvel *Événement*, celui de M. Bauer, qui avait pris le titre de l'ancien *Événement*, de M. de Villemessant. La publication de *la Honte* dut être interrompue devant la pudibonderie des abonnés : phénomène que nous verrons se reproduire plusieurs fois. Les romans de Zola, publiés en feuilleton, ont toujours eu des malheurs. *Thérèse Raquin*, dans l'*Artiste*, était bien allée jusqu'au bout ; mais Arsène Houssaye l'avait supplié de couper certains passages, « parce que, disait-il, l'impératrice lisait sa revue. » Le romancier y consentit, se réservant de tout rétablir dans le volume. Mais, où il se fâcha tout rouge, ce fut lorsqu'il trouva, sur le dernier feuillet des épreuves, une grande coquine de phrase finale, où Arsène Houssaye agrémentait l'œuvre d'une belle conclusion morale. Ici, il se montra intraitable, et l'auteur des *Grandes Dames* dut rengainer sa moralité.

Madeleine Férat qui n'était que la répétition, et par suite que l'affaiblissement, de *Thérèse Raquin*, ne souleva pas la même polémique dans les journaux. Le succès de vente fut pourtant à peu près le même, c'est-à-dire que le volume eut une seconde édition.

Telle était donc la situation littéraire de Zola à cette époque. Il s'était fait connaître comme journaliste, avait tenté inutilement le théâtre, et, dans le roman, commençait à être discuté, c'est-à-dire à être quelqu'un. Enfin, comme situation dans la vie, il se trouvait toujours sur la brèche, avec des hauts et des bas, mangeant parce qu'il travaillait beaucoup. En somme, il lui restait à livrer et à remporter quelque grande bataille décisive.

Avant de passer à une autre phase de sa vie, et de raconter comment il engagea cette grande bataille, il me reste à dire un mot de ses relations et amitiés littéraires de cette époque.

Vivant très retiré, il n'avait eu d'abord d'autres amis que les anciens camarades de collège, natifs de cette Provence où il avait passé son enfance; puis, comme je l'ai dit, Cézanne lui avait fait connaître des peintres. Maintenant, à mesure qu'il avançait dans la carrière des lettres, de nouvelles amitiés, uniquement dues à des sympathies littéraires, lui étaient venues.

J'ai déjà parlé de Duranty. Zola n'avait encore fait que coudoyer Alphonse Daudet à l'*Événement*, où le futur auteur du « *Nabab*, » écrivait alors « *les Lettres de mon Moulin*. » S'étant presque aussitôt perdus de vue, ils ne devaient se retrouver que bien plus tard, en 1872, chez leur éditeur, M. Georges Charpentier. Mais une des premières grandes amitiés littéraires de Zola fut celle d'Edmond et Jules de Goncourt. En 1865, dans le *Salut public*, de Lyon, il avait publié un article très enthousiaste sur *Germinie Lacerteux*, article qu'on retrouve dans *Mes Haines*. Touchés de voir leur livre défendu de cette manière par un jeune inconnu, les deux frères lui écrivirent; et il vint les voir, dans leur petite maison d'Auteuil, où il déjeuna de temps à autre. Il les rencontrait aussi chez Michelet, où il allait quelquefois passer la soirée. Vint la houleuse première d'*Henriette Maréchal*, au Théâtre Français. Il va sans dire qu'il y eut son fauteuil d'orchestre, et qu'il fut un des plus chauds à soutenir la pièce contre les sifflets imbéciles de la cabale. Cette amitié ne s'est jamais refroidie depuis lors ; plus tard, quand il se fut lié avec Gustave Flaubert, elle devint de plus en plus étroite.

Pendant les années 1867 et 1868, il fréquenta aussi un salon artistique et littéraire, celui de madame Paul Meurice, où le peintre Manet l'avait introduit. Il s'y trouvait un peu dépaysé, au milieu des romantiques impénitents. Toute la graine du Parnasse, de ce Parnasse qui devait germer plus tard chez l'éditeur Alphonse Lemerre, se donnait rendez-vous dans ce salon. Parmi les invités, il remarquait parfois un jeune homme dont le profil maigre rappelait celui de Bonaparte à Brienne : c'était M. François Coppée, qui allait faire jouer le *Passant*. M. Paul Meurice était naturellement là, avec ses longs cheveux, boutonné dans une redingote qui lui donnait un air vague d'ecclésiastique. Enfin, au loin, invisible et présent, debout sur son rocher, n'y avait-il pas l'exilé, le souverain maître, le dieu : Victor Hugo! Emile Zola, qui, tout en adorant Hugo, avait déjà des besoins d'indépendance, se sentait donc assez mal à l'aise, devant les rites de cette chapelle. Pour ne pas commettre d'impair, il était obligé de se surveiller. Un jour pourtant, quelqu'un ayant prononcé le nom de Balzac, voilà qu'une discussion s'engage sur les mérites de l'auteur de la *Comédie humaine*. Il entend porter des jugements si étranges, qu'agacé à la fin, il se mêle à la discussion et affirme hautement son admiration pour Balzac. Jugez s'il dut jeter un froid!

Ce fut enfin dans ce salon qu'il assista à l'incubation du journal *le Rappel*. Depuis deux ans, on en causait dans la maison; on se distribuait les rôles, et il en était! Même, M. Paul Meurice lui avait écrit plusieurs fois à ce sujet, pour le convoquer. Cela fait sourire aujourd'hui : Emile Zola, un des rédacteurs-fondateurs du *Rappel!* Quand le journal eut paru, non content d'en être, il avait même tâché d'y faire entrer certains de ses amis, moi entre autres, qui arrivais d'Aix. Il y donna plusieurs articles, notamment un sur Balzac (1870), qui ouvrit les yeux à MM. Vacquerie et Meurice, et qui fut, je crois, le dernier. Plus tard, avant que les bons rapports cessassent tout à fait, on se tint à son égard sur le pied de la méfiance et de la politique : le *Rappel* voulait bien parler, même avec éloge, des premiers volumes des *Rougon-Macquart*, mais « à la condition » que Zola, alors rédacteur de la *Cloche*, parlerait de *Mes premières années à Paris*, de M. Vacquerie. Plus tard enfin, à cette période mixte qu'on pourrait appeler « la période des marchés, » succéda le *modus vivendi* actuel : le *Rappel* n'imprime même plus aujourd'hui le nom de M. Zola, et M. Zola a cessé d'écrire les noms de MM. Paul Meurice et Auguste Vacquerie, excepté bien entendu dans les circonstances où le silence est impossible.

VI

LES ROUGON-MACQUART

De certains problèmes physiologiques, étudiés en travaillant à *Madeleine Férat*, était née chez Zola la préoccupation de l'hérédité, au point de vue de ce qu'elle pouvait apporter dans l'analyse des personnages d'un roman. Cette préoccupation ne fit que grandir, et, avec le concours de plusieurs autres circonstances, l'amena à entreprendre ce qui sera la grande œuvre de sa vie : la série des *Rougon-Macquart*.

Quelles étaient ces autres circonstances? Outre le penchant naturel de cet esprit vers les études physiologiques et vers la méthode expérimentale, si je jette un regard en arrière, je découvre en lui le rêve ancien d'une œuvre générale. Tout jeune, au sortir du collège, avec des réminiscences de Musset, il compose un poème; ce poème achevé, il se met à en écrire deux autres, qui sont comme les épanouissements du premier et forment avec lui une trilogie. Plus tard, sans argent, vivant sans feu et sans pain dans des mansardes, il conçoit le plan d'une œuvre poétique considérable, qui devait embrasser successivement la création du monde, l'histoire entière de l'humanité et l'homme de l'avenir ! Ce plan, certes, il ne le réalise pas. Après quelques notes prises dans Flourens et Zimmermann, il se tourne vers la prose, écrit un volume de contes, gagne sa vie dans le journalisme et lance plusieurs romans, mais sans abandonner son rêve de faire grand un jour.

D'autre part, Zola n'était plus un débutant. Bien qu'âgé seulement de vingt-huit ans, il avait derrière lui six volumes publiés : la période des débuts était donc finie. L'heure venait de dégager son originalité, de donner sa vraie mesure. Dans notre champ littéraire, qui n'avance pas recule, et il faut constamment se surpasser soi-même. Il crut donc qu'il se renouvellerait et se développerait plus sûrement, dans le cadre vaste d'une série d'œuvres, rattachées les unes aux autres par certains liens, mais dont chacune serait la partie distincte d'un vaste ensemble.

Enfin, pour tout dire, outre ce penchant inné vers les études scientifiques, outre le rêve ancien d'une œuvre générale, outre l'instinct d'une originalité à dégager et le désir de délimiter d'avance sa carrière de romancier, d'en chasser l'imprévu, l'argent lui-même, la question d'argent, le poussa à entreprendre les *Rougon-Macquart*. Toujours sur le qui-vive, sorti de la misère, mais connaissant encore la gêne, il s'était dit depuis longtemps qu'une rente mensuelle de cinq cents francs, assurée par quelque éditeur, le mettrait à l'abri du souci et de l'incertitude. Pour traiter sur ces bases, il fallait s'engager pour une suite de romans.

Résolu donc à tenter cette série, vers laquelle tout le poussait et qui arriverait après un grand précédent, unique dans la littérature contemporaine : la *Comédie humaine* de Balzac, Zola se dit qu'il ne fallait rien remettre au hasard, ni tenter à la légère. L'idée de la *Comédie humaine* n'était venue à Balzac qu'après coup, et lorsqu'une partie de ses admirables romans était déjà écrite. Aussi, les diverses œuvres n'ont entre elles d'autres attaches que le titre général et les noms de certains comparses déjà présentés dans les œuvres précédentes, revenant, servant à peupler les divers épisodes. Zola, lui, se demanda quelle aide pouvait lui apporter le lien d'une application des règles de l'hérédité, dans l'étude des personnages principaux. De là à les prendre tous parmi les membres d'une même famille, il n'y avait qu'un pas ; et l'idée était trouvée, sa série raconterait « l'Histoire naturelle et sociale d'une famille sous le second Empire. » Partant de là, il se mit à l'œuvre. Pendant huit mois, fin de 1868, commencement de 1869, il travailla uniquement à ce plan, allant presque tous les jours à la Bibliothèque impériale, plongé dans les livres de physiologie et d'histoire naturelle, prenant des notes. Le *Traité de l'hérédité naturelle*, du docteur Lucas, lui servit surtout. Enfin, les notes prises, le plan général de la série arrêté, l'arbre généalogique de la famille dressé, — ce même arbre généalogique, que, huit ans plus tard, il se décida à publier en tête d'*Une page d'amour*, et que la perspicacité de la critique courante prit pour une bonne farce inventée après coup, — il rédigea un projet de traité et porta le tout à l'éditeur Lacroix.

Les *Rougon-Macquart*, primitivement, dans sa pensée, ne devaient comprendre que douze romans. L'éditeur traita d'abord pour les quatre premiers. Le traité qui fut signé était assez compliqué.

Zola s'engageait à fournir deux romans par an, et, chaque mois, il touchait cinq cents francs chez M. Lacroix, — total six mille francs. Mais ces six mille francs ne représentaient nullement le prix des deux romans; ils n'étaient qu'une avance faite à l'auteur par l'éditeur. Ce dernier devait rentrer dans son argent, en prélevant cette avance sur les sommes que rapportait la publication des œuvres dans les journaux. Quant aux droits d'auteur, lorsque les romans paraissaient ensuite en librairie, ils étaient fixés à huit sous par volume. Donc, après chaque roman, on établissait un compte; M. Lacroix se remboursait de ses trois mille francs sur l'argent rapporté par le feuilleton, et, si cet argent ne suffisait pas, retenait l'appoint nécessaire sur les droits d'auteur de chaque volume ; puis, naturellement, les trois mille francs payés, Zola touchait le surplus, et sur le feuilleton, et sur le volume.

Cet ingénieux traité ne fut d'ailleurs jamais strictement exécuté. Le romancier, en mai 1869, commença avec ardeur la *Fortune des Rougon*, et fut bientôt en mesure d'en livrer les premiers chapitres au journal *le Siècle*. Mais de mauvaises volontés se produisirent, et la publication, après beaucoup de difficultés, commença seulement en juin 1870. La guerre, arrivant sur ces entrefaites, interrompit la publication, ce qui retarda l'apparition du volume jusqu'à l'hiver 1871. Aussi le second volume de la série, *la Curée*, ne parut-il chez M. Lacroix qu'en octobre 1872, c'est-à-dire au bout de trois ans. Donc, par suite de circonstances indépendantes de la volonté de l'auteur, la clause des « deux volumes par an » recevait un véritable croc-en-jambe.

Sous le rapport de l'argent, ce fut une bien autre affaire. Il touchait cinq cents francs chaque mois, ai-je dit. Seulement, d'après les termes du traité, il signait un billet de cette somme à échéance de trois mois, et qui devait être renouvelé jusqu'à la livraison régulière des romans. Il se produisit alors deux faits : d'abord, comme je l'ai expliqué, les deux premiers romans éprouvèrent des retards, l'éditeur ne fut donc pas remboursé tout de suite ; d'autre part, se trouvant embarrassé, ne pouvant payer les billets, il continua de demander à l'auteur des renouvellements. Pour comble de confusion, les anciens billets n'étaient pas toujours rendus au signataire, soit qu'ils restassent en circulation, soit qu'ils fussent revenus entre les mains de M. Lacroix. Vers la fin, Zola eut ainsi sur la place de Paris pour près de trente mille francs de billets, dont plusieurs, protestés, s'étaient enflés de près de moitié. On aurait pu même croire, lorsqu'arriva la débâcle de M. Lacroix, que le romancier était un homme de paille, signant des billets de complaisance ; et, plusieurs fois, il dut présenter son traité pour expliquer sa situation. Au lieu d'assurer et de tranquilliser sa vie, ce fameux traité ne fit donc que lui apporter beaucoup d'ennuis. Un jour même, un huissier vint pour le saisir. Bref, il ne se débarrassa de toute cette affaire que beaucoup plus tard, vers 1875, en payant certaines sommes arriérées. Les comptes furent, à cette époque, définitivement réglés avec M. Lacroix, et à la satisfaction de chaque partie.

Ce fut après *la Curée*, que Zola porta la série chez un autre éditeur, M. Georges Charpentier. Celui-ci acheta à M. Lacroix, moyennant huit cents francs, le droit de rééditer les deux volumes parus.

Avec M. Georges Charpentier, le traité fut établi sur des bases toutes nouvelles. Il s'agissait toujours de deux romans par an ; seulement, l'éditeur les achetait ferme, et les payait à l'auteur trois mille francs pièce. C'était le manuscrit qu'il achetait, manuscrit qu'il pouvait publier dans les journaux, en volume, faire traduire, et cela pendant dix ans. C'est dans ces conditions que parurent le *Ventre de Paris*, la *Conquête de Plassans* et la *Faute de l'abbé Mouret*.

Le succès, sans prendre encore les proportions qu'il a eues depuis, s'annonçait déjà comme productif, au point de vue de l'affaire de librairie. Mais le romancier, qui menait de front d'autres travaux, se mettait toujours en retard dans ses engagements. Il en était arrivé à redevoir deux ou trois volumes à M. Charpentier, et à avoir ainsi touché plusieurs milliers de francs d'avance. N'étant pas sans inquiétude là-dessus, un jour, il se rend à la librairie, alors située quai du Louvre, afin d'avoir une explication avec son éditeur. Mais, dès les premiers mots, ce dernier l'interrompt, en disant : — « Mon
« cher ami, je ne veux pas vous voler. J'entends ne
« prélever sur vous que mes gains habituels... On
« vient d'établir sur mon ordre le compte de vos
« droits d'auteur à quarante centimes par volume,
« et d'après ce compte, ce n'est pas vous qui me
« devez de l'argent, c'est moi qui vous suis rede-
« vable de dix mille et quelques francs... Voici
« votre traité que je déchire, et vous n'avez qu'à
« passer à la caisse. »

Quel est l'éditeur qui en ferait autant? Ce trait

de. scrupuleuse honnêteté est assez éloquent par lui-même. Un peu plus tard, M. Charpentier, qui est un ami pour les écrivains plutôt qu'un éditeur ordinaire, porta les droits d'auteur de Zola à cinquante centimes par volume, afin que celui-ci ne fut pas plus mal traité que M. Edmond de Goncourt. Le glorieux auteur de *Madame Bovary*, Gustave Flaubert, lui, touchait soixante centimes.

Maintenant, ayant expliqué les diverses phases par lesquelles passa la série au point de vue financier, j'en ai fini avec les généralités sur les *Rougon-Macquart*. Je n'ai plus qu'à évoquer mes souvenirs sur chacun des neuf romans publiés. Et, si je me sers du mot « souvenirs, » c'est que l'époque où Zola écrivait le premier volume des *Rougon-Macquart*, coïncide avec celle où je fus conduit pour la première fois chez lui, et où notre liaison commença. A partir de cet endroit de mon récit, je ne suis plus un simple historiographe, mais un témoin oculaire.

Donc, vers le 15 septembre 1869, sur les huit heures du soir, mon compatriote et ami, le poète Antony Valabrègue, et moi, nous avions pris l'impériale de l'omnibus « Odéon-Batignolles-Clichy. » Arrivé à Paris depuis quelques jours pour « faire » de la littérature, mais bien jeune encore et n'apportant d'autre bagage que quelques vers à la Baudelaire, j'allais être présenté par Valabrègue à cet Émile Zola que je n'avais jamais vu, mais dont j'avais entendu parler sur les bancs du collège, dès ma troisième, lorsqu'il ne faisait encore lui-même que des vers, — à cet Émile Zola dont je savais les œuvres par cœur, et qui, quelques mois auparavant, m'avait causé l'inespérée, la délicieuse joie de voir pour la première fois mon nom « Paul Alexis » imprimé tout vif dans un article du *Gaulois*, consacré à mes pauvres « *Vieilles Plaies.* »

A l'endroit de l'avenue de Clichy appelé « la Four-« che, » nous dégringolons, Valabrègue et moi, de notre impériale. Quelques pas dans la première rue à gauche, et nous voici sonnant au 14 de la rue de la Condamine. Le cœur me battait. Le premier mot de Zola fut celui-ci : « Ah! voilà Alexis!... Je vous « attendais. » Dès la première poignée de main, je sentis que c'était fini, que je venais de donner toute mon affection, et que je pouvais maintenant compter sur l'amitié solide d'une sorte de frère aîné. Dans la salle à manger du petit pavillon qu'il habitait alors au fond d'un jardin, dans l'étroite salle à manger, — si étroite que, ayant acheté plus tard un piano, il dut faire creuser une niche dans le mur, afin de l'y caser, — je me revois, assis devant la table ronde, d'où la mère et la femme du romancier venaient de retirer la nappe. Au bout d'une heure de causerie, quand il m'eut longuement fait parler de moi, de mes projets, de cette Provence, qu'après onze ans d'éloignement il chérissait encore et dont je lui apportais sans doute comme un parfum lointain, la conversation tourna ; et il m'entretint à son tour de lui, de son travail, de son grand projet des *Rougon-Macquart*, du premier volume alors sur le chantier. Puis, quand le thé eût été servi, étant allé sur ma demande chercher son manuscrit, il me lut les premières pages de la *Fortune des Rougon*, toute cette description de « l'aire Saint-Mittre » à Plassans, à ce Plassans que je reconnus, puisque j'arrivais d'Aix en Provence. Inoubliable soirée qui ouvrait un large champ aux réflexions du débutant homme de lettres, du provincial frais débarqué que j'étais alors. Soirée comme j'en ai passé depuis tant d'autres, pendant lesquelles j'ai vu pousser de près cette végétation des *Rougon-Macquart*, qui, alors, sortait à peine de terre.

Je reviens à l'histoire de ce vaste ensemble de romans, et je vais les prendre un par un, en épuisant mes souvenirs.

Dans la *Fortune des Rougon*, parallèlement à la préoccupation du roman lui-même, Zola en a eu tout le temps une autre : celle d'asseoir la série entière, en racontant le point de départ de la famille, dont il montre les principaux membres. Il a déjà bâti certains des personnages de ce premier volume, en vue du dernier, du « roman scientifique, » de celui qui ne sera peut-être fait que dans quinze à vingt ans, et où il compte donner comme une synthèse de toute l'œuvre. Celui qui s'embarquait dans un pareil travail venait d'avoir vingt-neuf ans, lorsqu'en mai 1869, il attaqua l'écriture de ce premier volume.

Pour berceau à la famille dont il allait raconter « l'histoire naturelle et sociale, » l'auteur a inventé une ville : Plassans. Plassans, c'est Aix en Provence, arrangé. Les noms des villages, à travers lesquels se promène l'insurrection, sont aussi inventés. Cela provient de ce qu'à cette époque, il n'avait ni les loisirs ni l'argent nécessaires pour aller revivre quelques jours en Provence et y prendre des notes. En outre, quelques timidités de romancier jeune, la crainte de passer pour avoir voulu faire certaines personnalités sur les habitants d'une ville où il avait conservé des relations, contribuèrent à le décider en faveur de ce nom fictif de Plassans. Je suis sûr qu'aujourd'hui il nommerait carrément Aix. Les détails sur l'insurrection en Provence ont été pris par lui dans l'*Histoire du coup d'État*, de M. Ténot. Et, particularité assez curieuse, le roman qui se passe au commencement du second Empire, a été interrompu, dans le journal *le Siècle*, par la guerre et par la chute de cet Empire. Outre les angoisses patriotiques qu'il put éprouver pendant le siège de Paris, Zola passa plusieurs mois dans une angoisse littéraire. Songez donc! le *Siècle* lui avait perdu tout le dernier chapitre! Démembrement tout aussi douloureux, pour un artiste, que celui de l'Alsace et de la Lorraine! Deux provinces perdues peuvent se reconquérir, tandis qu'un grand chapitre anéanti ne sera jamais refait tel qu'il était. Rentré à Paris, le premier soin de Zola fut de courir à l'imprimerie du

Siècle. Jugez de sa joie : son pauvre manuscrit, que depuis six mois on avait cherché en vain partout, lui, le retrouva tout de suite. Il était simplement sur le bureau du correcteur, bien en évidence.

La *Curée*, celui des romans de la série qui fut le plus rapidement mené, a été écrite en quatre mois. Le premier chapitre, le retour de la promenade au Bois, était même fait avant l'achèvement de la *Fortune des Rougon*, dont le comité de rédaction du *Siècle* avait retardé longtemps la publication ; ce qui avait décidé l'auteur à entreprendre un second roman, avant d'avoir terminé le premier. La *Curée*, commencée donc bien avant la guerre, n'a été terminée que bien après, en 1872, à mesure qu'elle passait en feuilleton dans la *Cloche*. Seulement, le feuilleton n'alla pas jusqu'au bout, ce qui avait déjà eu lieu pour la publication de la *Honte* (*Madeleine Férat*). Cette fois, le procureur de la République s'émut de l'audace de l'œuvre. Après la scène du cabinet particulier, au café Riche, l'auteur fut officieusement averti de passer au parquet. Reçu par un substitut très poli, mais absolument bouché aux questions d'art, il eut beau protester de la pureté de ses intentions, se défendre comme un diable : le substitut lui « conseilla » de cesser la publication. Et le romancier préféra sacrifier le feuilleton, pour sauver le livre. Il est à remarquer que, si l'Empire avait duré deux ou trois ans de plus, la *Curée* paraissant sous l'Empire, eût très probablement été poursuivie.

Alors, qu'arrivait-il ? Le succès qui devait enfin éclater, énorme, cinq ou six ans plus tard, avec l'*Assommoir*, se serait peut-être produit plus tôt. Chacun, en ce temps-là, n'aurait parlé que de la *Curée* ; tandis que ce livre, comme le précédent, au milieu des préoccupations politiques, passa presque inaperçu, n'obtint que deux ou trois articles, et fut modestement vendu tout d'abord à deux éditions.

Pour écrire l'ouvrage, Zola eut à surmonter un ordre de difficultés tout nouveau, contre lequel il ne s'était pas encore heurté. En effet, la *Curée* se passe entièrement dans le haut monde de l'Empire, dans un milieu luxueux où il n'avait jamais pénétré. Il lui fallut donc toute sa perspicacité et sa divination pour arriver à dépeindre sans erreur grossière ces régions ignorées. Il se donna beaucoup de mal. Rien qu'au sujet de la question « voitures, » il dut aller interroger deux ou trois grands carrossiers. Pour décrire l'hôtel de Saccard, il se servit surtout de l'hôtel de M. Ménier, à l'entrée du parc Monceau ; mais, n'en connaissant pas alors le propriétaire, il ne prit que l'extérieur. Plusieurs années après, étant allé aux soirées de M. Ménier, il regretta de n'avoir pas vu autrefois l'intérieur, bien plus typique que ce qu'il avait dû imaginer. La grande serre de Renée fut faite sur la serre chaude du Jardin des plantes, que le romancier obtint l'autorisation de visiter, et où il nota, en une après-midi, l'aspect des plantes les plus curieuses. Ce qui lui demanda plus de temps et plus de peine encore, ce furent les renseignements sur les démolitions de M. Haussmann et sur les grands travaux du nouveau Paris. A cette occasion, il alla même voir M. Jules Ferry, avec qui un coreligionnaire politique de ce dernier, le mit en rapport. Mais l'auteur des « *Comptes fantastiques* « *d'Haussmann* » ne put le renseigner en rien ; il ne savait que ce qu'il avait donné dans sa brochure. Après deux ou trois autres démarches infructueuses, Zola commençait à désespérer, lorsqu'il découvrit certains mémoires d'entrepreneurs de l'époque, qui lui fournirent les renseignements indispensables.

Bien que le *Ventre de Paris* soit une première étude sur le peuple, qu'il connaissait à fond, pour l'avoir longtemps coudoyé en ses années de misère, la recherche des documents fut également longue et pénible. C'était une vieille idée en lui, d'écrire quelque chose sur les Halles. Que de fois, en 1872, lorsque nous sortions du n° 5 de la rue Coq-Héron, des bureaux de la *Cloche*, où je faisais à ses côtés mes débuts de journaliste, que de fois, je m'en souviens, il m'entraîna dans les Halles ! — « Le beau livre à faire, avec ce gredin de monument ! me répétait-il. Et quel sujet vraiment moderne !... Je rêve une immense nature morte. » Nous flânions un moment de ci, de là, au milieu des pavillons presque déserts à cette heure de la journée. Une fois, en nous en allant, arrivés à un certain endroit de la rue Montmartre, il me dit tout à coup : « Retournez-vous et regardez ! » C'était extraordinaire : vues de cet endroit, les toitures des Halles avaient un aspect saisissant. Dans le grandissement de la nuit tombante, on eût dit un entassement de palais babyloniens empilés les uns sur les autres. Il prit note de cet effet, qui se trouve décrit quelque part dans son livre. Et c'est ainsi qu'il se familiarisait avec la physionomie pittoresque des Halles. Un crayon à la main, il venait les visiter par tous les temps, par la pluie, le soleil, le brouillard, la neige, et à toutes les heures, le matin, l'après-midi, le soir, afin de noter les différents aspects. Puis, une fois, il y passa la nuit entière, pour assister au grand arrivage de la nourriture de Paris, au grouillement de toute cette population étrange. Il s'aboucha même avec un gardien chef, qui le fit descendre dans les caves et qui le promena sur les toitures élancées des pavillons. Enfin, quand il posséda tout à fait ses chères Halles, qu'il en connut les divers aspects, les dessus et les dessous, la face et le profil, les larges avenues et les coins ignorés, qu'il se fut même livré à une étude approfondie des environs, des rues adjacentes, de tout le quartier, ce ne fut pas fini : les véritables difficultés commencèrent. Comment se faire expliquer l'organisation intérieure, toutes sortes de rouages administratifs, policiers et autres, qu'il ne suffisait pas de voir fonctionner, qu'il fallait aussi comprendre ? A quels documents écrits recourir ? Il fouilla d'abord, en vain, la Bibliothèque. Rien n'existait sur les Halles

9

modernes, qu'un certain chapitre du livre de
M. Maxime Du Camp : *Paris, sa vie et ses organes.*
Mais M. Maxime Du Camp ne donnait que des documents incomplets. Rien sur la police intérieure, ni
sur les inspecteurs, les forts de la Halle, les criées, etc.
Rien! Le romancier vit qu'il ne lui restait d'autre
ressource que d'aller à la préfecture de police. Là,
il fut reçu d'abord assez mal; on le renvoyait de
bureau en bureau. Enfin, il eut la chance de tomber
sur un employé intelligent et serviable, un ancien
ami de l'auteur du *Paris ignoré*, ayant jadis roulé
un peu partout avec Delvau. Cet employé donna au
romancier de précieuses explications verbales, et lui
laissa prendre copie de tous les règlements de
police en vigueur sur la matière.

Une des préoccupations constantes de l'auteur des
Rougon-Macquart est celle-ci : « Il faut varier les
œuvres, les opposer fortement les unes aux autres. »
A chaque nouveau livre, de peur de tomber dans
l'uniformité, il cherche à faire l'opposé de ce qu'il
a tenté dans le précédent. Donc, après le *Ventre de
Paris*, qui n'est qu'une vaste nature morte, rien
d'étonnant qu'il songeât à un roman d'analyse et de
passion. Son éditeur, M. Charpentier, était le premier
à lui demander amicalement « quelque chose de
moins croustillant comme art. » Il suivit ce conseil
et écrivit la *Conquête de Plassans*. Là, il eut peu
de notes à prendre. Presque tout le travail préparatoire se borna à la composition d'un plan, comme

toujours fort détaillé. Il y utilisa certains souvenirs anciens sur Aix, un curieux intérieur de famille qu'il avait connu jadis, certaines histoires scandaleuses, réellement arrivées, et qu'il arrangea pour les besoins du drame. Quant au cas particulier de la folie de Mouret, tout le caractère de cet homme qui n'est d'abord pas fou, mais qui passe pour l'être, puis qui, à force de passer pour l'être, finit par le devenir, l'idée en est tirée d'un de ses anciens articles de l'*Événement*, intitulé: *Histoire d'un fou*. Il exécuta le livre en s'y donnant tout entier comme à l'ordinaire, mais sans grand contentement artistique. Et, chose curieuse, le volume s'est constamment vendu moins bien que les autres. Même aujourd'hui, dans la grande impulsion de vente que le formidable succès de l'*Assommoir* et de *Nana* a communiquée à toute la série, la *Conquête de Plassans* est restée un peu en arrière; tandis que des livres où rien ne semble devoir passionner le public, tels que le *Ventre de Paris*, l'ont dépassée comme vente. D'où il résulterait qu'en art le succès est toujours pour les notes extrêmes, et que la foule est une femme qu'il ne faut pas courtiser, car elle ne demande qu'à être violée.

Avec la *Faute de l'abbé Mouret*, notre romancier se permit de nouveau une belle débauche d'art. L'œuvre est divisée en trois parties distinctes. Au milieu de deux parties où la réalité est côtoyée de près, éclate brusquement la fantaisie d'une sorte de poème en prose, imité de la *Genèse*. Et, à ce propos, sans me permettre de condamner ni d'approuver, je constate que, jusqu'à ce jour, dans chaque livre de l'auteur des *Rougon-Macquart*, on retrouve quelque idée mélodique de ce genre, une sorte d'intention extralittéraire, qui n'est point dans telle page plutôt que dans telle autre, mais qui ressort évidemment de l'ensemble de l'œuvre. Ainsi, toute la *Fortune des Rougon* a été faite pour l'idylle de Miette et de Sylvère, qui, au milieu d'un long drame bourgeois, sanglant et bête, éclate tout à coup comme un chant de flûte héroïque. Pour la *Curée*, — je demande pardon de me citer moi-même, mais voici ce que je constatais, il y a neuf ans, dans la *Cloche* du 24 octobre 1872 : — « L'or et la chair, comme le romancier l'a voulu, y chantent à chaque page. Ces deux thèmes s'enroulent l'un à l'autre, se soutiennent, se confondent, se quittent pour s'enlacer bientôt plus étroitement encore ; et cette phrase mélodique dure tout le long du livre, produisant une musique à part. » Le *Ventre de Paris*, lui, est tout entier une prodigieuse nature morte. Une des pages les plus aiguës, est cette fameuse « Symphonie des fromages » qui fit se boucher le nez à certain critique, bonhomme à vue courte, qui ne s'aperçut pas alors que le livre, d'un bout à l'autre, est une symphonie : celle de la mangeaille, celle du ventre, de la digestion d'une capitale. Dans la *Conquête de Plassans*, œuvre d'analyse pure, pas d'idée mélodique si l'on veut ; pourtant toujours une intention première, inexprimée en apparence, mais courant au fond de chaque page, une sorte d'âme latente du livre ; cette fois, c'est l'idée de l'émiettement continu d'une maison, en proie à d'invisibles termites, qui la minent sans cesse, jusqu'à l'effondrement final. En avançant davantage dans la série, ces intentions extralittéraires existent toujours, et d'une façon plus mathématique. Dans *Une Page d'amour*, cinq descriptions de Paris, sous des aspects divers, reviennent comme un refrain de chanson.

La *Faute de l'abbé Mouret* fut écrite en 1874, l'été, dans la petite maison que Zola habitait alors rue Saint-Georges, aux Batignolles. L'été était très chaud, et le romancier, qui, n'en ayant pas fini avec la gêne, avait reculé devant le surcroît de dépenses d'une villégiature, travaillait au milieu d'une solitude absolue, ne sortant pas, ne recevant point de visites. Je me souviens de deux ou trois lectures qu'il me fit du roman sur le chantier, à la tombée du jour, dans l'étouffement du petit jardin, entouré de grands murs, situé derrière la maison. Et ce livre fut un de ceux qui lui donnèrent le plus de mal. Il avait dû amasser une montagne de notes. Depuis de longs mois, sa table de travail n'était encombrée que de livres religieux. Toute la partie mystique de l'œuvre, le culte de Marie notamment, a été prise dans la lecture des jésuites espagnols. Beaucoup d'emprunts, presque textuels, ont été faits à l'*Imitation de Jésus-Christ*. Les documents sur les années de Grand Séminaire lui furent communiqués verbalement par un prêtre défroqué. Enfin, plusieurs matins de suite, dans la petite église Sainte-Marie des Batignolles, les rares dévotes qui entendent les premières messes, ont dû être édifiées par la présence d'un homme assis à l'écart, son paroissien à la main, suivant les moindres mouvements du prêtre avec une attention si profonde, qu'elle eût pu passer pour du recueillement. Cet homme assistait à plusieurs messes de suite; puis, de temps en temps, avec un bout de crayon, il griffonnait à la hâte deux ou trois mots, dans la marge de son livre. Eh bien! le fidèle si attentif n'était autre que l'auteur des *Rougon-Macquart* préparant la *Faute de l'abbé Mouret*. Je me souviens de l'avoir accompagné ainsi à l'église, un matin, et d'avoir assisté, sans y comprendre grand'chose, à une représentation de ce drame mystérieux qu'on appelle « la messe. » Pour en pénétrer les moindres péripéties, il dut recourir aux explications de certains manuels spéciaux à l'usage du clergé. Le poème en prose qui est la seconde partie du roman, le *Paradou*, lui coûta aussi des recherches considérables. Ce fut un long et, par moments, douloureux effort. Les larges descriptions de plantes, de fleurs, qui s'y trouvent, n'ont pas été prises seulement dans les catalogues, comme on l'a dit; le romancier a poussé la conscience jusqu'à aller dans les expositions horticoles, afin de décrire chaque plante sur la réalité. Il a également mis là son vieil amour idyllique de la nature, des souvenirs du Midi, un retour aux tendresses de son adolescence pour la campagne. On n'a pas oublié les grandes promenades du collégien d'Aix, avec ses deux inséparables, Cézanne et Baille. Et voilà que, seize ans plus tard, le souvenir de la propriété de « Galice, » entre Aix et Roquefavour, donne au romancier l'idée du *Paradou*.

Pour *Son Excellence Eugène Rougon*, la sixième œuvre de la série, Zola eut à exercer de nouveau toute sa divination. Le monde officiel du second Empire lui était encore plus inconnu que le monde financier de la *Curée*. Dépeindre la Cour impériale à Compiègne, quand on n'y a jamais mis les pieds, montrer un conseil des ministres, mettre en scène un chef de cabinet, faire parler Napoléon III, tout cela était hérissé de difficultés. Dix-huit mois de chronique parlementaire dans la *Cloche*, où il avait rendu compte des séances de l'Assemblée nationale, lui furent d'un grand secours. Pour Compiègne en particulier, un livre très documenté, intitulé : *Souvenirs d'un valet de chambre*, lui donna à peu près tout. Gustave Flaubert, un des anciens invités des fameuses séries, lui raconta aussi certains détails typiques, non seulement sur la résidence, mais sur l'Empereur lui-même, sur son aspect physique, son genre d'esprit, sa façon de parler, de marcher, etc. Pour le chapitre où est décrit le baptême du Prince impérial, le romancier dut chercher longtemps des documents. Le *Moniteur* de l'époque contenait quelques détails, mais pas tous. Par exemple, pour les rues démolies, pour les nouveaux ponts, comment ne pas commettre d'anachronismes? Ainsi que dit Charles Baudelaire :

> Le vieux Paris s'en va : les formes d'une ville
> Changent plus aisément que le cœur des mortels.

Rien qu'à vingt ans de distance, il est déjà très malaisé de reconstituer un horizon parisien avec quelque exactitude. Quant aux personnages de *Son Excellence Eugène Rougon*, comme, plus tard, pour ceux de *Nana*, on a prétendu en donner diverses clefs; mais, sauf à l'égard du duc de Marsy, dont l'auteur a réellement voulu faire un duc de Morny, toutes les autres suppositions sont erronées. Ainsi, personne ne voudra croire que le nom d'Eugène Rougon n'a pas été choisi exprès, pour désigner d'une façon transparente M. Eugène Rouher. Il n'en est rien pourtant. Voici l'exacte vérité : le nom d'Eugène Rougon était adopté dès 1868, époque où fut fait le plan de la série. Quand le nom de Rougon fut choisi pour être accolé à celui de Macquart, Zola ne pensait pas le moins du monde à M. Rouher; il se décidait uniquement pour « Rougon, » parce que ce nom, très commun en Provence, lieu originaire de la famille, lui semblait euphonique, facile à retenir. D'un autre côté, le premier Rougon, Pierre, ayant cinq enfants de son mariage avec Félicité Puech, et celui des cinq dont l'auteur s'est décidé plus tard à faire un ministre, ayant reçu le prénom d'Eugène dans les premiers volumes de la série, il a bien fallu lui conserver ce prénom. Maintenant, cela étant un fait accompli, quand sept ans plus tard le romancier s'est mis à composer son personnage, j'avoue qu'il a pris à la réalité, c'est-à-dire à l'ancien ministre M. Rouher, deux ou trois choses, telles que : l'attitude du vice-empereur à la tribune, sa façon de combattre les arguments de l'opposition, sa manie de s'amuser à faire des réussites. Mais, à part ces deux ou trois points, je crois bien que le romancier s'est plutôt mis lui-même dans la peau de son ministre : Eugène Rougon, ce chaste qui échappe à la femme et qui aime le pouvoir intellectuellement, moins pour les avantages que le pouvoir procure que comme une manifestation de sa propre force, Eugène Rougon, c'est pour moi Émile Zola ministre, c'est-à-dire le rêve de ce qu'il eût été, s'il eût appliqué son ambition à la politique.

Le succès de *Son Excellence Eugène Rougon*, pas plus que celui des romans précédents, ne répondit aux espérances de cet ambitieux de lettres. C'était pourtant le sixième de la série ; et, six volumes, cela forme déjà un tas! Les premiers s'étaient vendus tout d'abord à deux éditions ; le sixième se vendait peut-être à une édition ou deux de plus ; en outre, l'apparition de chaque nouvelle œuvre en faisait filer quelques centaines des précédentes. Certes,

M. Charpentier ne perdait pas d'argent; la série devenait en librairie une bonne affaire. Seulement, pas de passion parmi le public; pas d'enlevage. Dans les journaux, je ne dirai pas une conspiration de silence, mais de l'inattention, une pente générale des esprits à s'occuper de toute autre chose que de critique littéraire, un désintéressement de l'art étouffé par le vacarme politique. De loin en loin, pourtant, un aboiement forcené de M. Barbey d'Aurevilly; ou bien, dans le *Siècle*, quelque étude polie, mais à vue courte de M. Charles Bigot, passant à côté de la question. Tout cela était maigre de résultats, après six œuvres représentant plus de six années de travaux excessifs, une somme d'efforts considérables. Être tourmenté du besoin d'arriver maréchal de la littérature, songez donc! et rester simple capitaine! Tel était l'état d'esprit de l'auteur des *Rougon-Macquart*.

Et dire que ce succès, qui ne venait pas, en France, — qui commençait pourtant à se dessiner à l'étranger, en Russie, — dire qu'il suffisait peut-être d'un rien pour le déterminer! Le moindre heureux hasard pouvait être l'étincelle qui met le feu à la poudre.

Quant au romancier, loin de se décourager des lenteurs du succès, il fit ce que font les forts en pareil cas. L'été étant venu, il partit avec sa femme et sa mère, pour passer trois mois à Saint-Aubin; là, en face de l'Océan, il se mit à chercher le plan de l'*Assommoir*.

J'étais allé le voir dans la petite maison qu'il avait louée. Un après-midi, assis tous les deux sur le sable de la plage, nous causions en regardant les vagues. Il faisait un temps clair, et notre conversation à bâtons rompus allait et venait, des splendeurs du spectacle que nous avions devant nous, aux beautés, et aux difficultés aussi, du prochain livre qu'il voulait entreprendre. Ce livre, une grande étude sur le peuple des faubourgs parisiens, était une vieille idée longtemps caressée, qu'il comptait enfin mettre à exécution. Le peuple, il le connaissait bien! Tout enfant, pendant un voyage à Paris, n'avait-il pas passé quelques semaines chez un parent qui était ouvrier, dans une de ces vastes maisons entièrement peuplées de ménages pauvres, comme il voulait en décrire une? Plus tard, pendant ses années de misère, n'avait-il pas longtemps vécu aussi au milieu des ouvriers, et rue de la Pépinière, à Montrouge, et rue Saint-Jacques, et boulevard du Montparnasse? Il se souvenait d'avoir assisté à des choses étonnantes de couleur et d'allures : à une mort notamment, et à des fêtes, et à de grands repas joyeux, et à des bombances! Eh bien! il tirerait parti de tous ces souvenirs; son livre serait une monographie complète de la vie du peuple. Il y aurait une noce et un enterrement typiques; tous les âges, toutes les variétés du travailleur, le laborieux et l'ivrogne, l'honnête garçon et le souteneur de filles. Pour en montrer quelques-uns au travail, les outils en main, il avait pris déjà ses notes, était allé visiter avant son départ de Paris une forge, un atelier de chaîniste travaillant l'or, un lavoir de blanchisseuses. Enfin, pour faire parler les ouvriers, il s'était aussi livré à une étude préparatoire de linguistique; même en dépouillant le « Dictionnaire de la langue verte, » de Delvau, il avait découvert son titre : *l'Assommoir*. Seulement, une chose qu'il n'avait pas encore, et sur laquelle il restait très perplexe, c'était le drame même du livre, c'est-à-dire le fil qui relierait ces divers documents, l'affabulation autour de laquelle il mettrait en œuvre, ses notes et ses souvenirs. En un mot, il ne « tenait pas encore son drame, » et cette pensée coupait court à son enthousiasme; son front se rembrunissait soudain de l'expression soucieuse de l'homme qui cherche.

— Il me faudrait quelque chose de très simple! soupirait-il.

Devant nous, à perte de vue, les vagues au soleil faisaient danser des étincelles. Le ciel, au-dessus de nos têtes, se creusait tout bleu. Et, comme aucune nuée n'épaississait l'atmosphère, là-bas, entre la mer et le ciel, la ligne d'horizon s'arrondissait en une immense courbe, très nette.

— Tenez, me dit-il tout à coup en me désignant du doigt cette ligne d'horizon, il me faudrait trouver quelque chose comme cela... Quelque chose de tout à fait simple, une belle ligne allant tout droit... L'effet serait peut-être aussi très grand.

Et il ajouta qu'il se contenterait probablement de la simple vie d'une femme du peuple : ayant eu deux enfants d'un amant, se mariant plus tard avec un autre homme, gentille d'abord avec lui, courageuse au travail, arrivant même à s'établir blanchisseuse, puis, à la suite de son mari tombé dans le vin, roulant elle-même au désordre et à la misère. Mais le nœud lui manquait, et il ne poussa le fameux : *Eureka!* que lorsqu'il eut l'idée de faire revenir Lantier dans le ménage. L'*Assommoir* était fait.

Telle fut la gestation de ce septième roman de la série, qui devait le dédommager de l'insuccès relatif des six précédents. L'écriture de l'*Assommoir* lui prit plus de temps que celle de ses autres œuvres. Ce ne fut qu'après les deux premiers chapitres que lui vint l'heureuse idée d'employer, dans le cours du récit, non pas, comme on le dit, l'argot spécial des voleurs et des filles, mais le langage populaire que tout le monde comprend. Il avait par conséquent dépouillé les dictionnaires d'argot, ne cherchant pas à s'y faire une langue de toutes pièces, voulant simplement s'y rafraîchir la mémoire, y choisir, de façon à n'en oublier aucun, les termes dont des ouvriers avaient fait le plus fréquemment usage devant lui. Où l'auteur prend la parole, il adopta hardiment lui-même cette langue des personnages du livre. Laisser-aller apparent de style, qui n'est qu'un raffinement d'exactitude ! Nouveau procédé du roman moderne, où l'écrivain s'efface le plus possible, afin de ne pas s'interposer entre l'intensité du drame et l'émotion immédiate du lecteur! Cette forme neuve, pittoresque, fut sans doute une des causes de la prodigieuse fortune de l'*Assommoir*. Le romancier, que la vogue n'avait pas gâté jusqu'alors, ne se doutait guère, en l'écrivant, que ce livre allait faire son trou dans la littérature comme un boulet. Cependant, certains symptômes avant-coureurs se produisirent, significatifs pour un œil clairvoyant.

L'*Assommoir* commença à paraître en feuilleton dans le *Bien public*, journal démocratique. Déjà critique dramatique de cette feuille, Zola lui vendit dix mille francs le droit de publier l'*Assommoir* en feuilleton. Si les bons démocrates s'étaient imaginé leur critique dramatique capable d'écrire pour eux une œuvre de flagornerie populacière, susceptible de « gratter » les faubourgs et de servir d'appât à l'abonné républicain, ils ne tardèrent pas à reconnaître leur erreur. Le tirage n'augmenta pas sensiblement, tandis que les rares abonnés se fâchaient. Comme à chaque publication d'un roman de Zola dans un journal, il pleuvait des lettres de lecteurs scandalisés, courroucés; cette fois, les reproches d'immoralité étaient couverts par un reproche autrement grave aux yeux du *Bien public :* celui de calomnier le peuple, d'insulter l'ouvrier. Ce débordement d'injures prit de telles proportions que le directeur du *Bien public* se vit obligé d'interrompre au milieu la publication d'un feuilleton, que, d'ailleurs, je me hâte de le dire à sa louange, il eut l'honnêteté de payer en entier.

Sur ces entrefaites, M. Catulle Mendès, qui gouvernait alors une revue littéraire, *la République des lettres*, vint demander à Zola de lui laisser publier la partie du roman devant laquelle le républicanisme du *Bien public* avait reculé. Ce fut un beau moment pour la *République des lettres*, qui ne regretta pas les mille francs que son directeur avait offerts au romancier, et qui, pendant quelque temps, fut une revue très lue et très discutée. L'*Assommoir* n'avait pas encore paru en librairie, qu'on s'était déjà beaucoup plus occupé de lui que de ses aînés. Un vent de discussions passionnées était dans l'air. Et je me souviens que, dès cette époque, un de mes amis, M. Tony Révillon, qui suivait le roman dans la *République des lettres*, me fit la prédiction suivante :

— Dites donc à Zola qu'il peut être tranquille : son livre se vendra comme des petits pâtés... L'*Assommoir* sera un succès extraordinaire.

Zola lui-même, porté à voir les choses en noir, espérait bien un succès ; mais ses espérances les plus audacieuses n'allaient pas très loin.

— Je serais joliment content, me disait-il, si celui-ci atteignait une dixième édition.

Après le succès énorme, qui dépassa de beaucoup ses prévisions, avant de se mettre tout de suite à

Nana, sorte de contre-partie de l'*Assommoir*, il pensa, toujours pour obéir à la nécessité de varier, qu'il serait d'une bonne tactique de placer, entre deux œuvres très montées de ton, une note de demi-teinte, plus douce et plus calme. Entre deux efforts, visant l'un et l'autre à soulever un monde différent, l'auteur des *Rougon-Macquart* voulut se reposer par une analyse intime, fouillant un petit coin d'humanité. D'autre part, une de ses vieilles idées était d'étudier, physiologiquement et psychologiquement, ce qui se passe dans un de ces phénomènes qu'on nomme un amour, une passion. « Faire cela dans une étude sobre, à deux ou trois personnages, d'analyse pure, ce serait superbe ! » lui avais-je bien souvent entendu dire : telle était la pensée primitive ; mais, l'heure de la mettre à exécution arrivée, une autre vieille idée le sollicita à son tour — une idée datant de l'époque où il logeait rue Neuve-Saint-Étienne-du-Mont : — faire de Paris, vu d'une hauteur, une sorte d'être vivant, témoin muet d'un drame, toujours là, et changeant d'aspect lui-même, suivant les divers états d'âme des personnages. De cette idée de virtuosité, jointe au projet de faire l'analyse exacte d'une passion, est née *Une page d'amour*.

Ce fut encore dans une villégiature, à l'Estaque, petit village au bord de la Méditerranée, près de Marseille, que ce livre fut écrit en grande partie : été de 1877. Zola, cette fois, n'avait pas eu de notes à prendre; sauf pour les descriptions de Paris, qui le firent monter plusieurs fois au Trocadéro. Il avait aussi assisté à un bal d'enfants, pour pouvoir décrire celui qui est le cadre d'un des chapitres. Une chose à noter, c'est la division géométrique du livre : cinq parties, subdivisées chacune en cinq chapitres. Et le dernier chapitre de chaque partie est une grande description de Paris. « Une symétrie de damier! » disait-il en souriant. Patiemment, sans grand contentement artistique, il remplit, une à une, ses vingt-cinq cases, ne retrouvant un petit frisson qu'aux cinq chapitres où il s'attaquait à Paris. Certains gymnastes doivent avoir ainsi la nostalgie du casse-cou : il leur faut un trapèze sans filet, très haut, pour pouvoir travailler avec enthousiasme.

Avec *Nana*, l'auteur des *Rougon-Macquart* se retrouvait dans son élément : en plein casse-cou! Camper debout la « fille » moderne, produit de notre civilisation avancée, agent destructeur des hautes classes ; écrire une page de l'histoire éternellement humaine de la courtisane; montrer, dans une sorte de chapelle ardente, au fond d'un tabernacle, le sexe de la femme, et, autour, un peuple d'hommes prosternés, ruinés, vidés ou abêtis : tel était son sujet. Sujet vaste, dont la difficulté s'aggravait pour lui de cette circonstance, qu'il avait peu d'impressions personnelles sur la haute galanterie. En ses années de misère, Zola n'avait coudoyé que le vice d'en bas, celui des crèmeries et des hôtels garnis. Plus tard, ayant de l'argent à sa disposition, mais absorbé par son idée fixe de littérature, ne sortant jamais de chez lui que pour des courses hâtives, rentrant moulu, souvent en rage contre la bêtise universelle, et ne se retrouvant heureux que dans son intérieur, notre romancier ne s'était point aventuré dans le monde des actrices pour rire et des « belles-petites. » Là encore, comme pour la *Curée*, pour le *Ventre de Paris* et la *Faute de l'abbé Mouret*, il eut besoin d'aller aux renseignements, afin de voir certains coins de vérité et de deviner le reste. Il connaissait bien les coulisses des théâtres, car il avait déjà fait jouer trois pièces. Depuis longtemps, ses documents étaient pris sur le mouvement de la scène, les artistes, les figurants, les machinistes, les dessus et les dessous des planches. Mais il n'était jamais allé dans les coulisses des Variétés, le théâtre qu'il avait choisi comme terrain de son roman, et ce fut un de nos auteurs dramatiques les plus parisiens, M. Ludovic Halévy, qui lui servit d'introducteur. Ils y passèrent ensemble toute une soirée, pendant une représentation de *Niniche*.

Un homme du monde, très parisien aussi et très initié, dont Zola avait fait la connaissance chez Flaubert, déjeuna au café Anglais avec lui, en tête à tête, dans un cabinet particulier ; et là, après le café, sur le champ de bataille même, l'ancien viveur, fouillant dans ses souvenirs de haute cocotterie, se confessait au romancier et lui racontait ce qu'il avait plus ou moins observé chez toutes : comment elles passent leur journée ; — comment elles se laissent aimer ; — à table, leurs goûts de perruche ; — leur tenue envers les domestiques, les créanciers, le monsieur qui paye ; — la question de l'amant de cœur, etc., etc. Le romancier écoutait, prenait des notes, posait de nouvelles questions. A quelques jours de là, il visita, boulevard Malesherbes, l'hôtel d'une de ces dames. Il put tout voir, tout noter : la disposition du salon communiquant avec une serre, la chambre, l'importance du cabinet de toilette, même les écuries, tout cela pour décrire en connaissance de cause l'hôtel de Nana. Enfin, lui qui ne va nulle part, se fit aussi inviter à un grand souper chez une demi-mondaine. Et, pendant les quelques mois que dura ainsi la gestation de *Nana*, il ne nous recevait plus, nous, ses amis, sans mettre la conversation sur les femmes, sans faire appel à nos souvenirs. Un de nous lui donna tous les détails sur la fameuse table d'hôte de la rue des Martyrs, où les clientes, en entrant, « baisent la patronne sur la bouche. » Un autre lui raconta l'arrivée, à cinq heures du matin, dans un souper de filles, de plusieurs messieurs en habit noir, trop gais et que personne ne connait. Un autre lui donna le détail des bouteilles de champagne vidées dans le piano. Et Zola écoutait tout, notait tout, s'assimilait tout. La comparaison de l'abeille composant son miel du suc de diverses fleurs, est bien vieille. Mais c'étaient de véritables fleurs de vice que nous lui apportions, ou qu'il récoltait ainsi lui-même, à droite et à gauche : faisant d'ailleurs, ensuite, un triage sévère, résistant souvent à l'attirance de leur beauté maladive, lorsqu'elles n'entraient pas dans la logique de son sujet; en un mot, ne cédant pas à l'imagination, cette faculté dangereuse que Balzac appelle, avec raison, « une cause d'irrégularité et d'égarement dans la production des œuvres d'art ! »

Tous ses matériaux amassés, puis triés, assimilés, distribués méthodiquement dans un plan, — besogne qu'il fit au milieu de la paix des champs, dans son vaste cabinet de travail de Médan, inauguré au printemps de 1879, — Zola écrivit en très grosses lettres, au haut d'une page, *Nana*, — titre dont la brièveté et la simplicité le ravissaient, — et commença son premier chapitre. Toute une moitié de l'œuvre fut composée dans la plus profonde solitude, non sans un petit frisson intérieur, quelquefois, le matin, à la pensée qu'il ne fallait pas faire, cette fois, plus mal que *l'Assommoir;* en somme, en plein calme et dans une parfaite santé littéraire. Chaque mois, il faisait un chapitre, quarante à quarante-cinq pages, en une quinzaine de jours de travail; les jours de feuilleton dramatique du *Voltaire*, et son article de Russie écrit en une semaine, plus un court voyage à Paris, occupant les quinze autres jours. De mois en mois, les chapitres s'empilaient. Bientôt, près de la moitié de l'œuvre se trouva faite. Tout se passait donc à merveille, lorsqu'une circonstance regrettable se produisit ; regrettable moins pour l'œuvre, qui heureusement n'en souffrit pas, que pour la santé physique et morale de l'auteur.

Voici. On était alors fin septembre. Depuis cinq mois environ, un nouveau directeur était entré au *Voltaire*, avec l'idée de lancer le journal par la publication en feuilleton de *Nana*, tambourinée partout. D'un autre côté, dans sa période de gêne et d'obscurité relative, Zola pouvait sans aucun inconvénient laisser le journal commencer la publication de ses romans, avant que lui les eût terminés. Une avance de quelques chapitres lui suffisait pour ne pas se laisser rejoindre ; et cela, sans rien sacrifier à la hâte, sans tomber dans la fabrication. Donc, cette fois encore, n'étant plus pressé par le besoin d'argent, mais étant pressé par l'impatient directeur du journal, il crut devoir céder. Le *Voltaire* annonça donc *Nana* pour le 15 octobre.

Mais Zola se rendit compte de son imprudence, lorsqu'il était trop tard pour revenir sur sa décision. Le *Voltaire* s'était livré à une véritable débauche de publicité, multipliant partout les affiches : dans les journaux, sur les murs, sur la poitrine et au milieu du dos d'une légion de « sandwichs, » et jusqu'à l'extrémité du tuyau en caoutchouc où l'on prend du feu, dans chaque bureau de tabac. « *Lisez Nana !*

Nana!! Nana!!! » Et le roman n'était écrit qu'à moitié. Au point où il en était de son travail, l'auteur n'avait encore aucune certitude. L'œuvre pouvait, aussi bien venir dieu que table ou cuvette. Et voilà que l'œuvre était déjà livrée en pâture à la foule, dévorée, discutée, applaudie, outrageusement niée surtout! Le premier feuilleton était à peine paru, qu'une polémique s'ouvrait dans les journaux et que des chroniqueurs, se posant en critiques sérieux, démontraient déjà par A plus B que le roman était manqué, absolument manqué, et que ce serait un four. Déplorables conditions de travail pour une nature nerveuse. Le romancier avait beau ne pas bouger de Médan, s'enfoncer de plus en plus dans son grand effort. Chaque jour, c'étaient des journaux et des lettres qui venaient l'exaspérer, le faire douter de lui et de son œuvre, qui le jetaient dans de troublantes et douloureuses distractions. Se mettre à son bureau devant une feuille blanche, et sentir braqués sur soi les canons de la chronique et du reportage, cela est sûrement fort désagréable. Que de fois, pendant l'enfantement de ce neuvième roman de la série, ne dut-il pas se reporter avec mélancolie au grand calme dans lequel il travaillait, jadis, avant le succès! Aujourd'hui, il gagnait beaucoup d'argent, son nom était dans toutes les bouches, mais des angoisses nouvelles enfiévraient sa production, et il ne se sentait pas plus heureux.

D'ailleurs, le résultat matériel fut magnifique.

Nana, qui parut le 15 février 1880, fut tirée d'emblée à cinquante éditions, c'est-à-dire à *cinquante-cinq mille exemplaires!* fait inouï et, je crois, unique dans la librairie française. Ces cinquante-cinq mille volumes étaient tous vendus d'avance aux libraires de Paris, de la province et de l'étranger, dont plusieurs avaient fait leur commande depuis un an. La preuve, c'est que le jour même de la mise en vente, M. Georges Charpentier envoya à son imprimeur l'ordre de tirer dix autres éditions. Aujourd'hui, la centième édition est de beaucoup dépassée.

L'Assommoir, dont le succès matériel, moins instantané que celui de *Nana*, fut aussi formidable, suit de près, arrive bon second, à peine distancé de quelques milliers d'exemplaires. Et les sept autres romans de la série, entraînés par l'action de ces deux favoris, viennent à la suite, diversement échelonnés, — les plus osés, ceux contenant le moins de concessions, en avant! — tous portés par une impulsion générale irrésistible. Littérairement, les *Rougon-Macquart* sont encore très discutés, et les intentions les plus nettement affirmées de l'auteur, méconnues, niées, travesties ; mais, matériellement, commercialement, c'est le succès : succès longtemps indécis, obtenu par une accumulation d'efforts, aujourd'hui définitif.

Maintenant, un dernier mot.

La série doit compter vingt romans. Ce chiffre n'est qu'approximatif. Il peut varier, selon ce qu'il reste à Zola, de vie non seulement, mais aussi de force et de courage. Que de fois, depuis quelque temps surtout, n'ai-je pas entendu ce grand travailleur soupirer mélancoliquement après la minute où il écrira le mot « fin » au bas de la dernière page du « roman scientifique, » celui qui doit contenir la synthèse de l'histoire naturelle et sociale de toute la famille ! « — Et après, que ferez-vous ? — Après ? mon ami, après ? je ferai peut-être autre chose, quelque chose de tout différent... De l'histoire par exemple : oui ! quelque chose comme une Histoire générale de la Littérature française... Ou des contes pour les petits enfants... Ou, peut-être, rien... Je serai si vieux ! je me reposerai. »

Des onze œuvres environ que doit encore écrire celui qui a déjà soif de repos, je ne saurais donner une liste exacte ni définitive. Je ne puis que faire appel à ma mémoire et dire un mot des quelques idées favorites sur lesquelles il revient toujours dans ses conversations : idées de roman qu'il traitera à coup sûr, j'ignore dans quel ordre, et il l'ignore lui-même.

L'auteur des *Rougon-Macquart* fera un second roman sur le peuple. L'*Assommoir* décrit les mœurs de l'ouvrier ; il reste à étudier sa vie sociale et politique. Les réunions publiques, ce qu'on entend par la question sociale, les aspirations et les utopies du prolétariat y seront analysées.

Un « roman militaire » racontera Sedan, la débâcle du second Empire. Le romancier se propose, quand il en sera là, d'aller visiter le champ de bataille, et de se faire expliquer sur les lieux, par quelque officier d'état-major, les principales opérations de la campagne. Il étudiera la vie militaire, telle qu'elle est, au risque de passer pour un mauvais patriote.

Ensuite, je citerai une grande étude sur les paysans. Depuis qu'il est propriétaire à Médan, il vit au milieu d'eux et les observe. Attaché à la terre, sa grande maîtresse, ne se livrant pas, sournois et méfiant, ne disant jamais ce qu'il pense, quelquefois ne pensant même rien, le paysan est bien difficile à connaître. Je ne crois pas que le romancier se mette à cette œuvre avant d'avoir accumulé patiemment beaucoup d'observations. Parmi les choses qu'il a déjà vues et notées, se trouve cette scène fantastique : des cultivateurs, hommes, femmes et enfants, réveillés au milieu de la nuit par une tempête de grêle, et courant après l'averse, sous un ciel noir comme de l'encre, avec des lanternes, pour constater l'état de leurs récoltes.

Une œuvre dont les documents lui donneront moins de peine à réunir, c'est le roman qu'il compte faire sur l'art. Ici, il n'aura qu'à se souvenir de ce qu'il a vu dans notre milieu et éprouvé lui-même. Son personnage principal est tout prêt : c'est ce peintre, épris de beau moderne, qu'on entrevoit dans le *Ventre de Paris* ; c'est ce Claude Lantier dont il dit, dans l'arbre généalogique des Rougon-Macquart :

« Claude Lantier, né en 1842 ; — mélange, fusion ; — prépondérance morale et physique de la mère (Gervaise, de l'*Assommoir*) ; hérédité d'une névrose se tournant en génie. Peintre. » Son projet est de raconter dans ce roman ses années de Provence, cette première jeunesse si curieuse, si particulière, dont j'ai essayé de donner une idée. Un voyage dans le Midi lui sera nécessaire pour « faire une Provence vraie. » Je sais qu'il compte étudier, dans Claude Lantier, la psychologie épouvantable de l'impuissance artistique. Autour de l'homme de génie central, sublime rêveur paralysé dans la production par une fêlure, graviteront d'autres artistes, peintres, sculpteurs, musiciens, hommes de lettres, tout une bande de jeunes ambitieux également venus pour conquérir Paris : les uns ratant leur affaire, les autres réussissant plus ou moins ; tous, des cas de la maladie de l'art, des variétés de la grande névrose actuelle. Naturellement, Zola, dans cette œuvre, se verra forcé de mettre à contribution ses amis, de recueillir leurs traits les plus typiques. Si je m'y trouve, pour ma part, et même si je n'y suis point flatté, je m'engage à ne pas lui faire un procès.

Outre le roman scientifique, le roman socialiste, le roman militaire, le roman sur les paysans et le roman sur l'art, tous les cinq d'une grande importance, voici deux autres projets qui tiennent tout particulièrement au cœur de Zola : un roman sur les grands magasins comme le *Louvre* ou le *Bon Marché*, et un roman sur les chemins de fer.

L'attrait de ces deux sujets consiste surtout dans leur modernisme, et je crois que l'auteur des *Rougon-Macquart* leur accordera un tour de faveur. D'une part, s'attaquer au nouveau commerce, raconter l'histoire d'un de ces immenses établissements qui occupent tout un peuple d'employés, le prendre à ses débuts modestes, une petite boutique s'accroissant de jour en jour, ruinant les maisons rivales, finissant par accaparer toute la vie commerciale d'un grand quartier de Paris ; et dépeindre en même temps l'étonnant milieu moderne, tout contemporain, produit par l'agglomération d'employés des deux sexes fourmillant dans un de ces prodigieux caravansérails : quel thème attirant pour l'auteur du *Ventre de Paris* !

D'autre part, un sujet bien inexploré aussi, et qu'il traitera prochainement, en s'y donnant tout entier, c'est le roman « sur les chemins de fer. » A Médan, en face de sa maison, au bas du jardin en pente terminé par une haie, passe la ligne de Normandie. Cent trains par jour montent ou descendent, donnant un petit ébranlement aux vitraux de la large baie de son cabinet de travail : trains express vertigineux s'engouffrant sous le pont au-dessus duquel passe l'allée de beaux arbres qui conduit à la Seine ; trains omnibus que l'on entend venir de plus loin, puis dont le bruit se prolonge dans la vallée ; trains de marchandises relativement si lents que l'on compterait presque les tours de roue et qu'on a tout le temps de voir, émergeant des wagons à bestiaux, quelque mufle de bœuf en destination de la Villette, stupidement levé vers les nuages. Quand la nuit tombe, chaque locomotive apparaît dans une rougeur, et la lanterne grenat du dernier wagon semble quelque temps une étoile qui fuit. L'enfoncement dans le noir, de tout cet inconnu qui passe devant vous, semble plus irrémédiable. Eh bien ! à cette heure mélancolique de la nuit tombante, lorsqu'on ne voit plus assez pour écrire ou pour lire, c'est en attendant les lampes, que Zola, accoudé sur le large balcon de son cabinet, m'a souvent parlé de ce plan favori :

— « Ce que je vois déjà, au milieu de vastes plaines, pelées et désertes comme des landes, dans une profonde solitude, c'est une de ces toutes petites maisons de garde, sur le seuil de laquelle on aperçoit parfois une femme qui tient le drapeau vert, au passage des trains... Et là, au bout du monde et à deux pas pourtant de ce formidable va-et-vient de la voie, de ce perpétuel fleuve de vie qui coule et remonte sans s'arrêter jamais, je rêve quelque drame bien simple, mais profondément humain, aboutissant à une catastrophe épouvantable, peut-être à un choc de deux trains volontairement causé pour assurer une vengeance personnelle... Ça ou autre chose ! vous savez que l'affabulation d'une œuvre ne me gêne pas et m'importe peu... Mais, ce qui m'importe, ce que je veux rendre vivant et palpable, c'est le perpétuel transit d'une grande ligne entre deux gares colossales, avec stations intermédiaires, voie montante et voie descendante. Et je veux animer toute la population spéciale des chemins de fer : employés, chefs de gare, hommes d'équipe, chefs de train, chauffeurs, mécaniciens, gardes de la voie, employés du wagon des postes et télégraphes. La télégraphie jouera un grand rôle dans mon œuvre ; comme dans la réalité, on y entendra à chaque instant le tintement de la sonnette électrique, signalant une dépêche. On fera de tout dans mes trains : on y mangera, on y dormira, on y aimera, il y aura même une naissance en wagon ; enfin l'on y mourra... Et, ce n'est pas tout : vous allez peut-être me traiter de vieux romantique, mais je voudrais que mon œuvre elle-même fût comme le parcours d'un train considérable, partant d'une tête de ligne pour arriver à débarcadère final, avec des ralentissements et des arrêts à chaque station, c'est-à-dire à chaque chapitre. »

Donc, les Chemins de fer, les Grands Magasins, l'Art, les Paysans, l'Armée, le Prolétariat, et, pour conclusion à toute la série, la Science, tels sont les sept grands sujets, d'une importance capitale, que Zola traitera à coup sûr, et ajoutera aux neuf romans déjà existants : total seize. Si, comme il l'a fait déjà avec une *Une Page d'amour*, œuvre moins en avant et moins ambitieuse, exécutée entre l'*Assommoir* et *Nana* par tactique, par délassement aussi, il intercale entre les grands ouvrages dont je viens de parler, des œuvres soi-disant de repos ou de récréation, sortant de sa manière ordinaire afin d'apporter de la variété, le chiffre de vingt volumes que j'ai annoncé sera atteint.

Enfin, il me reste à parler du roman qui va paraître.

Zola comptait, après *Nana*, exécuter une œuvre de sympathie et d'honnêteté, ayant pour thème principal : « la douleur » et, pour personnage central, Pauline Quenu. Vers la fin de l'hiver dernier, en mars et avril 1881, il se mit au plan de cette œuvre. Mais il ne parvint pas à se satisfaire. Le drame qu'il entrevoyait, à trois personnages, et qu'il voulait très simple, très poignant, présentait certaines lacunes. D'un autre côté, il lui aurait fallu, dans ce roman sur « la douleur, » recourir à des souvenirs autobiographiques, qui eussent cruellement ravivé une perte récente. Sur ces entrefaites, il écrivit pour le *Figaro* un article intitulé « *L'adultère dans la bourgeoisie*, » qui contenait cette phrase : « Si, dans le peuple, le milieu et l'éducation jettent les filles à la prostitution, le milieu et l'éducation, dans la bourgeoisie, les jettent à l'adultère. » Cette idée de l'adultère, considéré comme plaie dominante de la classe bourgeoise, le préoccupait et l'amena un jour à se demander s'il n'y avait pas là matière à écrire, sur cette classe, un pendant à l'*Assommoir*. Une brusque clarté se fit dans son esprit. Il conçut *Pot-Bouille*, et remit à plus tard le roman au plan duquel il travaillait et dont le sujet venait mal.

De même qu'il avait pris, rue de la Goutte d'Or, une maison d'ouvriers, suant la misère et le vice, il lui fallait maintenant, dans quelque beau quartier, choisir une de ces modernes maisons aux dehors respectables; ensuite, il lui fallait l'étudier du haut en bas, rendre les murs transparents comme s'ils étaient de verre, arracher leurs secrets aux lambris dorés, voir tout ce qui se passe derrière une de ces façades de luxe et d'hypocrisie. Et il trouva tout d'abord le titre : *Pot-Bouille*, c'est-à-dire le pot-au-feu bourgeois, le train-train du foyer, la cuisine de tous les jours, cuisine terriblement louche et menteuse sous son apparente bonhomie. Aux bourgeois qui disent : « Nous sommes l'honneur, la morale, la famille, » il voulait répondre : « Ce n'est pas vrai, vous êtes le mensonge de tout cela, votre pot-bouille est la marmite où mijotent toutes les pourritures de la famille et tous les relâchements de la morale. »

Afin de mettre cette idée en œuvre, il chercha dans ses propres souvenirs et dans ce que lui racontèrent ses amis, les cinq ou six histoires arrivées dont il avait besoin, pour le plan touffu qu'il rêvait : une sorte de page grouillante arrachée de la vie. Puis, après une promenade à la rue de Choiseul, dans laquelle il plaçait sa maison bourgeoise, et une visite à l'église Saint-Roch, où plusieurs scènes devaient se passer, armé de toutes pièces, il partit pour la campagne et commença l'œuvre. Le plan d'abord. Il enchevêtra et répartit en dix-huit chapitres les cinq ou six histoires qu'il voulait mener parallèlement. La multiplicité des fils, le grand nombre des personnages à faire agir, la diversité exceptionnelle des faits, l'ont naturellement amené à tenter, pour cette œuvre, l'essai d'une formule littéraire qu'il cherche depuis longtemps. Il veut se dégager de plus en plus de la scène à panaches romantiques, mettre tout son effort dans la simplicité et la vérité. Et rien que des descriptions de cinq lignes, le strict nécessaire. Ainsi compris, le roman devient presque du théâtre. L'écrivain s'efface de plus en plus, n'analyse que par les faits : chaque chapitre est un acte nouveau, que les personnages du livre jouent devant le lecteur.

Un dernier renseignement. Le magasin *Au Bonheur des Dames*, dont il est question dans *Pot-Bouille*, est l'embryon du Louvre ou du Bon-Marché colossal, qui sera étudié dans le roman sur les Grands Magasins.

Je me suis promis de ne donner que des faits tout le long de ce livre. Je conclurai ici par un fait encore. D'après la proportion du chiffre des éditions des diverses œuvres, sur « cent » personnes qui ont lu *Nana* et l'*Assommoir*, seulement « quinze » à

« vingt » ont dû lire les autres. Donc, sur cent personnes qui tiennent l'auteur des *Rougon-Macquart* pour un romancier cherchant les bas-fonds de parti-pris, ne parlant qu'argot et se complaisant dans l'ordure, « quatre-vingts » pour le moins portent un jugement sans valeur, inique et précipité. L'unique conséquence à tirer est celle-ci : l'œuvre générale n'étant pas achevée, pour la condamner ou pour l'admirer en connaissance de cause, il faut attendre.

VII

L'AUTEUR DRAMATIQUE

L'idée de faire du théâtre, chez Zola, remonte haut. Je l'ai déjà montré sur les bancs du collège d'Aix, en 1856, écrivant une pièce en trois actes, en vers : *Enfoncé le pion!* Naturellement, l'œuvre était enfantine et mauvaise. Le manuscrit existe ; je l'ai eu entre les mains. Les trois actes sont terminés : c'est le plus bel éloge qu'on puisse en faire. Je crois me souvenir que deux élèves, là-dedans, disputent au pion Pitot, le cœur d'une femme. Je ne sais plus quel rôle burlesque joue le principal, Pingouin. Le tout n'a rien de génial : un élève de troisième ne peut pas écrire *Tartufe.*

Plus tard, à Paris, au lycée Saint-Louis, l'auteur d'*Enfoncé le pion!* fait le plan et arrête le scenario d'un grand drame en vers : *Rollon l'archer.* Le plan commençait par cette ligne : « Ce drame résume l'humanité. » Tout simplement! Cela eût été un gros drame romantique, un pastiche d'Hugo. Mais on ne les écrit jamais, ces pièces « qui résument l'humanité. » L'humanité ne se laisse pas résumer ainsi.

Sur les bancs du même lycée Saint-Louis, notre auteur dramatique en herbe écrivit un acte en vers : *Perrette*, essai de comédie tiré de la fable *la Laitière et le Pot au lait*. Le fabuliste lui-même, le bon La Fontaine, y était incarné dans une sorte de vieux vagabond, porteur de besace et courant les chemins.

Immédiatement après *Perrette*, toujours au lycée, fut écrit un autre acte en vers : *Il faut hurler avec les loups*, dont le manuscrit est perdu.

Plus tard, après ces essais enfantins, l'idée de faire du théâtre ne cesse de hanter Zola, avançant dans la vie. Employé chez Hachette, en 1865, je l'ai montré écrivant la *Laide*, un acte en prose, que l'Odéon lui refusa. Plus tard encore, il faut mentionner deux pièces dont j'ai parlé : les *Mystères de Marseille*, drame en cinq actes, en collaboration avec Marius Roux, joué trois fois à Marseille, en octobre 1867; et la *Madeleine*, drame en trois actes, refusé tour à tour par le Gymnase et le Vaudeville, inédit.

De tout ce passé obscur d'auteur dramatique, encore balbutiant et injoué — excepté à Marseille, — j'arrive aux trois tentatives sérieuses constituant, jusqu'à ce jour, le « théâtre d'Émile Zola. » La première de ces tentatives est *Thérèse Raquin*, drame en quatre actes, joué le 11 juillet 1873, au théâtre de la Renaissance.

On avait plusieurs fois défié l'auteur de *Thérèse Raquin* de transporter au théâtre le drame violent du livre. « La pièce n'irait pas jusqu'au bout ! » lui prédisaient certains confrères. Et le public, dégoûté, enverrait les petits bancs sur la scène. « Il faudra voir ça ! » s'était dit naturellement le romancier conspué. Et, à partir de ce jour, il fut mordu du désir de bâtir la pièce. Pendant le siège, se trouvant à Marseille, il fit un premier plan, sans arriver à se satisfaire. Le véritable plan ne fut trouvé que l'année suivante, et fut inspiré à l'auteur par l'idée de conserver dans son drame l'unité de lieu. Après la Commune, de retour à Paris, il se mit à l'œuvre. Exécutée assez vite, la pièce était primitivement en cinq actes.

A quel théâtre fallait-il la présenter ? Zola ne jouissait pas encore de cette retentissante notoriété qui ouvre toutes les portes. Cinq ans auparavant, à l'occasion de la *Madeleine*, il avait essuyé un refus au Vaudeville et au Gymnase : faire antichambre dans les mêmes théâtres, s'exposer à un nouveau refus, lui souriait peu. D'un autre côté, si *Thérèse Raquin* pouvait être jugée dangereuse par le directeur d'un théâtre de genre, la porter au Théâtre-Français ou à l'Odéon était une démarche absolument inutile, une perte de temps certaine. Alors, avec ce tact d'homme pratique qu'il a toujours possédé, il porta son drame à M. Hostein, directeur de la Renaissance.

Celui-ci était le seul directeur qui pût recevoir, et monter tout de suite, une œuvre osée, exceptionnelle, contenant une tentative littéraire. Cela pour une raison fort simple : ayant ouvert un théâtre nouveau, la Renaissance, non pour jouer l'opérette, mais pour faire concurrence à ses voisins, la Porte-Saint-Martin et le Gymnase, en allant du genre de l'un à celui de l'autre, il n'avait pas eu la main heureuse jusque-là, essuyait four sur four, près de lâcher l'affaire et de mettre la clef sous la porte. Seuls, les gens qui sentent tout perdu, consentent parfois à tenter quelque chose; même si ce quelque chose est de la littérature.

Pourtant malgré sa situation désespérée, le directeur de la Renaissance hésitait. Il ne se décida que lorsqu'une grande artiste, madame Marie Laurent, voulut bien prendre le rôle de « madame Raquin, » en se contentant d'appointements proportionnés aux recettes, c'est-à-dire problématiques. La saison était très avancée. Il fallait que Marie Laurent eût bien foi dans l'œuvre et dans son rôle.

— Ah! soupirait-elle, que n'ai-je dix ans de moins!... Au lieu de faire madame Raquin, je ferais Thérèse, et je voudrais passionner tout Paris.

Les répétitions commencèrent. M. Hostein décida l'auteur à réduire la pièce d'un acte. La coupure fut franche : on supprima la fin du quatre et la première moitié du cinq. Les deux fragments d'acte conservés, et soudés l'un à l'autre par quelques répliques, devinrent le quatrième acte actuel.

Autre concession, celle-ci pour faire plaisir à Marie Laurent. Primitivement, madame Raquin, frappée de paralysie à l'acte de la nuit de noces, ne recouvrait la parole que pour balbutier les mots qui terminent la pièce : « Ils sont morts bien vite ! » Voulant contenter l'artiste, de plus en plus inconsolable de ne pas jouer Thérèse, — interprétation qui eût donné à l'œuvre sa véritable portée, — Zola consentit à faire précéder son « Ils sont morts bien vite ! » d'une petite tirade, selon moi, malheureuse et déparant absolument l'effet final.

Enfin, toujours au courant des répétitions, — tant il est vrai qu'un jeune auteur, engagé dans la voie des concessions, ne peut plus s'arrêter, et qu'il n'a rien à refuser au directeur hardi ni à l'actrice de grand talent qui veulent bien s'occuper de son œuvre, — il arriva ceci: Marie Laurent et M. Hostein, trouvant la pièce nue et noire, demandèrent à Zola de la varier, en mettant sous les yeux du spectateur le tableau de la noyade en pleine Seine, à Saint-Ouen. Fait en deux jours, lu, acclamé, aussitôt mis en scène et su en une semaine, pendant qu'on brossait un décor, le tableau fut joué à la répétition générale, qui n'eut lieu que devant la censure et quelques amis. Il y avait, dans ce tableau, un changement à vue: d'abord, la berge, avec un restaurant, que je vois encore, plein de canotiers ; puis, brusquement, la solitude de la pleine Seine, rien qu'une barque au milieu, où Laurent ramait entre Camille et Thérèse. Ce double décor était même très réussi. Eh bien! après la répétition générale, — fait sans précédents de modestie directoriale, tout à l'honneur de M. Hostein, — le directeur de la Renaissance prit à part l'auteur et reconnut lui-même qu'il était plus littéraire de supprimer ce tableau, que celui-ci n'avait ajouté qu'à contre cœur. Quant au joli décor, il ne fut pas utilisé.

Le lendemain, 11 juillet 1873, eut lieu la première. Une belle salle, pour la saison. La presse au grand complet, naturellement. L'impression de ces quatre actes, se passant dans la même chambre triste, fut très forte, très poignante. Certes, il n'y avait pas là un grand régal pour le public boulevardier des premières. Plus d'un gommeux, dans les couloirs, crut bon genre de trouver cela crevant. Plus d'une cocodette poussa de petits cris pudibonds. Mais, la part faite à ces dissidences inévitables, la salle entière resta saisie et palpitante devant ce drame si peu compliqué, mais si puissant, qui vous serrait le cœur comme une catastrophe personnelle.

— Moi, je suis malade! Ce Zola me rend positivement malade! disait ce soir-là dans les couloirs M. Sarcey, lui qui, au théâtre, veut s'amuser.

Une partie du public était donc très malade, si malade même qu'au commencement de la nuit de noces, on tenta quelques protestations, afin de réagir et d'échapper au cauchemar. Au moment où Thérèse ôte sa robe de mariée, la salle risqua quelques « hem ! hem ! » comme pour se persuader qu'il allait se passer des choses très risquées, ce qu'elle désirait sans doute. On feignit même de ne pas comprendre l'intention, banale à dessein, de quelques phrases sur la pluie et le beau temps, que Laurent et Thérèse échangent, une fois seuls, dans la chambre nuptiale. Mais plus fort que ces mauvais vouloirs et ces hypocrisies, le drame emporta bientôt tout, étreignant les cœurs et bouleversant les âmes. Je crois pouvoir constater, en témoin impartial, que la pièce, à deux doigts de sa chute, au commencement du troisième acte, se redressa tout à coup par un tour de reins, lors de cette minute critique, à partir de laquelle le succès définitivement obtenu ne fit que grandir.

Le succès de *Thérèse Raquin* fut sans lendemain. La critique se montra très dure pour le nouvel auteur; on subissait les chaleurs caniculaires de juillet : la pièce ne fit pas d'argent. Au bout de neuf représentations, non seulement *Thérèse Raquin* disparut de l'affiche, mais la Renaissance ferma ses portes — pour ne les rouvrir qu'à l'hiver, et avec un genre nouveau, l'opérette !

Un an et quelques mois après *Thérèse Raquin*, le 3 novembre 1874, les *Héritiers Rabourdin*, comédie en trois actes, furent représentés au théâtre Cluny.

Cette fois, la saison était propice. Mais notre auteur dramatique n'allait livrer bataille qu'avec des troupes inférieures. Un théâtre de troisième ordre ne pouvait lui fournir qu'un ensemble jeune, inexpérimenté, plein d'ardeur sans doute, mais uniquement composé d'artistes inconnus, sans autorité sur le public.

Naturellement, si Zola se contenta de Cluny, c'est qu'il n'avait pu trouver mieux. Écrite en visant le Palais-Royal, sa pièce avait d'abord été présentée à ce théâtre et refusée. Puis, les *Héritiers Rabourdin*, portés à M. Montigny, furent sur le point d'être joués au Gymnase. Zola fit une visite à M. Montigny, à Passy. Le vieux directeur, sentant qu'il avait dans les mains une tentative peu ordinaire, très perplexe et très combattu, demanda à réfléchir. Il finit par rendre le manuscrit de cette œuvre qui, en somme, était peu faite pour le genre, ni pour la troupe du Gymnase. Ce n'est qu'après ces deux tentatives inutiles, que l'auteur s'était résigné à Cluny.

Là, le directeur, M. Camille Weinschenk, c'est une justice à lui rendre, fit de son mieux pour monter convenablement les *Héritiers Rabourdin*. Il n'y eut pas de sa faute, si ce « mieux » ne fut pas suffisant. A l'exception de mademoiselle Charlotte Reynard, alors une nouvelle venue qui, dans son rôle de « Charlotte » se révéla charmante de grâce et d'espièglerie, la pièce fut médiocrement interprétée. M. Mercier, vieil acteur, doué d'un jeu assez naturel, mais sentant un peu la province, ne se montra que convenable dans le rôle de Rabourdin, dont il eût fallu composer une grande figure. Ce qui fut tout à fait déplorable, ce fut l'incarnation de l'octogénaire Chapuzot, dans le tout jeune M. Olona.

Le pauvre Olona, que j'ai connu, garçon de bonne famille ayant fait ses classes, bachelier, je crois, et poète, auteur dramatique lui-même, non sans talent, — mort depuis d'une maladie de langueur, — faisait alors partie de la troupe de Cluny, poussé sur les planches par une irrésistible et malheureuse vocation. Amoureux de son art, mal servi par une nature ingrate, mais enthousiaste et piocheur, voilà l'infortuné chargé de créer un vieillard de quatre-vingts ans. Pendant les six semaines de répétitions, chaque jour, il apportait une nouvelle voix de vieux : voix de gorge, de nez, de ventre, il les essayait toutes. Ça allait du polichinelle à l'auvergnat !

Certains jours, pourtant, l'obstiné chercheur trouvait des intonations à peu près possibles.

— Parfait ! lui disait-on. Tenez-vous-en à ce vieux-là.

Mais, à la répétition suivante, mon Olona ne retrouvait plus le même vieux. Parfois, pendant qu'on répétait les scènes dont Chapuzot n'était pas, on entendait tout à coup de lointains chevrotements nazillards sortant des dessous du théâtre : c'était Olona cherchant une autre voix de vieux !

Enfin, le jour de la première, après avoir apporté une cinquantaine de voix de vieux différentes, il en produisit une, pas encore entendue, et plus mauvaise que toutes les autres.

Malgré l'interprétation, la pièce alla jusqu'au bout, et sans être sifflée. Un succès de première, en somme ! mais un succès refroidi par le comique sinistre du troisième acte, où la maladie et la mort, intervenant au milieu d'une farce, composent une mixture dont les spectateurs de Shakespeare et de Ben Jonson eussent goûté l'amertume profondément philosophique, mais que la moyenne du public du premier soir goûta peu et comprit moins encore. Quant à la critique, elle se montra plus sévère que pour *Thérèse Raquin*. En quatre lignes peu polies, le critique ordinaire du *Figaro* exécuta l'œuvre, selon lui repoussante, ennuyeuse et immorale. Les plus bienveillants dirent à l'auteur : « *Thérèse Raquin*, au moins, avait certaines qualités : faites-nous une autre *Thérèse !* » Les autres lui interdisaient à jamais les planches comme à une brebis galeuse, comme à un paria suspect et louche qui ne pourrait dorénavant que les encanailler. Au demeurant, les *Héritiers Rabourdin* ne furent joués que dix-sept fois. Deux ou trois soirs, le dimanche, la pièce fit quelque argent : c'était le bon populaire du quartier, qui, lui, parraissait comprendre et riait beaucoup. Mais, les autres soirs, la salle resta presque vide : le grand public ne se dérange pour aller à Cluny que si la critique l'y entraîne par un fort coup de trompette. Et, dans la circonstance, la critique ne donna qu'un coup de sifflet.

Cependant, malgré toutes ces ombres au tableau, Zola et ses amis ne conservent pas un mauvais souvenir de la soirée des *Héritiers Rabourdin*. Moi, chaque fois que ma pensée s'y reporte, je pense à Flaubert. Était-il beau, le pauvre grand homme, aux premières de ses amis ! Il fallait le voir à son fauteuil d'orchestre, dépassant le public de la tête et défendant la pièce avec passion, toisant de haut les dissidents, leur criant sous le nez : « Bravo ! je trouve ça superbe ! » et applaudissant avec furie, des mains ou, pour faire plus de bruit, avec la canne. Enthousiasme méritoire, même touchant, de la part de l'auteur du *Candidat*. Lui, non plus, en matière de théâtre, n'avait pas été gâté par le succès. Le soir des *Héritiers Rabourdin*, il devait même avoir sur le cœur une récente désillusion, celle-ci tout intime. Peu de jours auparavant, chez M. Georges Charpentier, il avait lu devant des amis le *Sexe faible*, comédie inédite, qu'à l'exemple de Zola il était alors décidé à donner à Cluny. Malgré quelques parties très belles, la lecture avait peu porté. Aux compliments embarrassés des amis qui se battaient les flancs pour lui remonter le moral, Flaubert avait répondu par un mélancolique : « Non ! j'ai compris... » Et il avait retiré la pièce, qui ne fut jamais jouée. — Je savais tout cela, quand, avant le lever du rideau, mon voisin, me montrant à quelques fauteuils de nous un spectateur grand et fort, superbe, m'apprit que c'était l'auteur de *Madame Bovary*, que je n'avais jamais vu. Je ne le quittai plus du regard, et je le vis applaudir à chaque instant, frénétiquement. « Ah! le brave homme! » me disais-je en moi-même. Je ne fis sa connaissance que deux ans plus tard, mais je me mis à l'aimer tout de suite.

Me voici enfin au fameux *Bouton de Rose*. Tout comme les pièces à succès, les fours ont leur histoire. Voici celle du *Bouton de Rose*.

Depuis que le Palais-Royal lui avait refusé les *Héritiers Rabourdin*, Zola connaissait M. Plunkett. Il arriva que ce directeur, en pleine crise d'insuccès, cherchant partout des auteurs nouveaux et ne sachant plus à quelle porte frapper, vint le trouver un jour et lui demanda une pièce. Zola, qui songeait au contraire à écrire un drame, resta très hésitant. La considération que la pièce qu'on lui commandait était reçue à l'avance, l'emporta enfin. Il se décida à composer une simple farce, plein de cette idée large qu'il n'existe pas de genre inférieur, et qu'un puissant producteur dramatique doit savoir tout exécuter. A la fin de 1876, il livrait son travail à M. Plunkett. Quand celui-ci en eut pris connaissance, il écrivit à l'auteur une lettre hésitante, embarrassée, où il énumérait toute sorte de raisons pour ne pas jouer *le Bouton de Rose*. L'auteur, encore dans le feu de la composition, insista et obtint une lecture aux artistes, une distribution, un commencement de répétitions. Puis, l'été qui survint, et d'autres circonstances, suspendirent tout. Il partit en villégiature pour l'Estaque, où je l'ai montré écrivant une *Page d'amour*, ne pensant plus du tout au Palais-Royal.

A l'Estaque, pourtant, un soir où quelques amis se trouvaient chez lui, il nous lut sa farce, au murmure de la Méditerranée, dont les vagues venaient expirer sous les fenêtres. Tout lui parut, ce jour-là, insuffisant, mauvais. Et il se promit bien de ne jamais la laisser représenter.

Revenu à Paris avec cette impression, il se trouva dans une situation singulière. A la suite du grand bruit de l'*Assommoir*, maintenant, les directeurs du Palais-Royal voulaient absolument jouer une œuvre que le romancier, lui, entendait laisser dormir au fond d'un tiroir. Comique renversement des rôles, n'est-ce pas? Comme l'auteur ne démordait pas de sa nouvelle résolution, il fut même question, dans le trio directorial, de lui envoyer du papier timbré.

A la fin, cependant, il se laissa convaincre. Il écouta même les conseils de M. Dormeuil, un des directeurs, qui, trouvant le deuxième acte un peu vide, le décida à y introduire ce fameux punch des officiers, qui, dans le deuxième acte primitif, se passait à la cantonnade, et qui, le soir de la première, souleva une mémorable tempête de sifflets, malgré la voix émue et charmante de mademoiselle Lemercier soupirant les couplets du *Petit Tonneau*.

Il faut ajouter d'ailleurs qu'au théâtre, après toutes ces hésitations, on avait fini par se monter la tête. On croyait à un grand succès. La toile tombée au milieu des huées, pendant que Geoffroy essayait en vain de proclamer le nom de l'auteur, celui-ci, derrière un portant, se retourna vers les directeurs consternés, en leur disant : « Vous voyez, messieurs, que vous avez eu tort de jouer ma pièce malgré moi ; votre premier jugement était le bon. » Les trois directeurs, navrés, présentèrent leurs excuses.

Une heure après, dans une vaste salle de Véfour, à deux pas du théâtre, Zola, entouré de tous ses amis invités, soupait. Présents : Gustave Flaubert, Goncourt, M. et madame Alphonse Daudet, madame Charpentier mère, M. et madame Georges Charpentier, M. et madame Eugène Montrosier ; Albert Déthez, Marius Roux ; les peintres Manet, Guillemet, Beliard, Coste, etc. ; toute la petite bande dite des *Soirées de Médan ;* enfin, nous étions trente. Et ce souper d'enterrement n'eut rien de bien triste : le grand Flaubert était plus lyrique que jamais, et Zola mangea d'un robuste appétit.

Depuis le 6 mai 1878, il n'a plus signé de pièce. Cependant, si je m'en tenais là, l'esquisse de sa physionomie d'auteur dramatique serait incomplète. Il faut bien dire un mot des drames tirés de l'*Assommoir* et de *Nana*.

Après l'exceptionnel succès de l'*Assommoir*, plusieurs propositions furent faites au romancier par des praticiens dramatiques, désireux de tenter une adaptation théâtrale. Le romancier se décida pour MM. Busnach et Gastineau, parce qu'il fut entendu, dans le principe, que lui, Zola, « ne s'occuperait de rien. » Pourtant, malgré ses dénégations formelles et réitérées, je crois pouvoir dire qu'il n'a pas été aussi étranger qu'il l'affirme à la facture de la pièce. Il faut, évidemment, prendre ces dénégations comme une simple attitude littéraire qu'il entendait garder. Il ne voulait pas être de la pièce, et il n'en était pas, même en en étant. D'ailleurs, on reconnaît sa main en bien des parties. Qu'il ait plus ou moins récrit les scènes, je n'ai pas à descendre dans ces détails ; mais, à coup sûr, il s'est occupé du plan. Loin de moi pourtant la pensée, et même la simple apparence, de vouloir diminuer en rien la part de collaboration et les mérites très réels de M. William Busnach. Sans lui, le drame l'*Assommoir* serait certainement différent de ce qu'il est ; une portion du succès doit donc être mise à son avoir. Les innombrables demandes de collaboration dont M. Busnach se trouve accablé, depuis trois ans, sont la plus belle preuve de ce que j'avance.

Un mot encore, et j'en aurai terminé avec Émile Zola auteur dramatique. Après ses pièces de première jeunesse, après ses trois œuvres jouées et, toutes, sifflées ou étouffées — ne comptant que trente-trois représentations à elles trois, — après les adaptations théâtrales de ses romans, auxquelles il prend plus ou moins part, il n'a nullement renoncé à faire du théâtre tout seul, malgré le *Bouton de Rose*, et à le faire en poursuivant la réalisation de certaines idées.

Quelles idées? — Quiconque a suivi sa campagne de critique dramatique pendant quatre ans, au *Bien public* et au *Voltaire*, les connaît. On peut les résumer, je crois, en une phrase : Zola voudrait porter au théâtre l'évolution qui s'est produite dans le roman avec Stendhal, Balzac et Flaubert. Son rêve serait évidemment de réaliser lui-même cette évolution, que, selon lui, Alexandre Dumas fils, Émile Augier, Sardou, Meilhac et Halévy, n'ont fait qu'ébaucher. Mais il se sent tellement enfoncé dans le roman, les *Rougon-Macquart* à terminer sont une si lourde besogne, qu'il recule toujours ses nouvelles tentatives, et qu'il doit désespérer jusqu'à un certain point, aujourd'hui, d'avoir jamais le temps.

Cependant, il reste plein de projets. Certains jours, il se sent pris de la tristesse de n'avoir pas fait et d'envies terribles de faire. Ces jours-là, il se met à *Renée*, une sorte de *Phèdre* contemporaine. Actuellement, sa situation est nette au théâtre. Lorsqu'il donnera de nouveau une pièce signée de son nom seul, il faut que ce soit une mémorable bataille : — la première d'*Hernani* pour le naturalisme !

VIII

LE CRITIQUE

Parallèlement au roman et au théâtre, Émile Zola a toujours fait de la critique. Cela tient à deux causes principales. D'abord, il a toujours éprouvé cette « démangeaison critique » dont parle Sainte-Beuve, c'est-à-dire le besoin de juger les hommes et les œuvres ; démonter l'anatomie de quelqu'un ou de quelque chose le tente continuellement. Ensuite, sans fortune, obligé de faire du journalisme, méprisant fortement la politique, n'étant ni boulevardier, ni reporter, uniquement épris de littérature, il a été amené à faire de la critique littéraire pour vivre.

Il y aurait une troisième cause, qui, plus tard, est venue se joindre aux deux autres : la nécessité de se défendre. Attaqué par tous, longtemps seul contre tous, ayant des journaux sous la main et forcé de livrer de la copie à jour fixe, il a fini par se battre pour ses œuvres, et, plus encore, pour ses idées, qui, d'ailleurs, étaient celles d'un petit groupe littéraire auquel il appartenait depuis longtemps. Je tire tout de suite cette conclusion : qu'il faut donc voir en lui, non pas un chef d'école, — prétention qu'il n'a jamais eue et dont on lui a souvent imputé le ridicule, — mais un simple porte-drapeau, tenant haut et ferme l'étendard de ses convictions littéraires.

Il y a déjà seize ans, très jeune, encore employé dans la maison Hachette, simple débutant de lettres, n'ayant publié que les *Contes à Ninon*, Zola, grâce à ses relations de librairie, découvrit un journal de province, *le Salut public*, de Lyon, qui consentit à lui prendre régulièrement des chroniques littéraires à... cent francs par mois. Question d'argent, sans doute, puisque ces pauvres cent francs lui étaient bien nécessaires pour arrondir son budget d'employé ! Mais question littéraire aussi, car, dès lors, on le voit affirmer des idées qui, de 1865 à 1882, n'ont pas varié.

En effet, qu'on relise ces articles du *Salut public* — recueillis dans le volume *Mes haines*, — ceux surtout sur Victor Hugo, Taine, Erkmann-Chatrian, Barbey d'Aurevilly, — et l'on aura la preuve que tout le Zola d'aujourd'hui était déjà en germe dans le Zola d'alors.

Plus tard, il transporte le débat sur le terrain de la peinture, et engage (dans l'*Événement*, de

M. de Villemessant), cette première campagne de *Mon salon*, qui soulève tant de scandale. Eh bien ! là, mêmes théories que dans *Mes haines !* Simple application aux arts plastiques des idées déjà formulées pour la littérature.

On peut le suivre dès lors dans tous les journaux où il a écrit : l'ancien *Événement, la Situation, le Rappel, la Cloche, le Corsaire, l'Avenir national*, et, plus tard, dans le *Bien public*, le *Voltaire*, — et, en Russie, dans *le Messager de l'Europe*, — enfin, l'année dernière, dans *le Figaro* : partout et toujours, dans tous les domaines et dans chaque question, on retrouve le critique émettant les mêmes vues générales, affirmant la même philosophie artistique et littéraire.

Reprenons-le en 1876, lorsqu'il entra au *Bien public*. Ici encore, nous voyons agir les deux causes déterminantes : besoin d'équilibrer son budget, et démangeaison de porter dans le domaine dramatique la même lutte qu'il avait soutenue dans le domaine littéraire et dans le domaine artistique. Le théâtre, comme il l'a dit quelque part, devint « son champ de manœuvres. » Je le répéterai : les idées qu'il y soutint furent identiques aux idées soutenues dans *Mes haines* et dans *Mon salon*. Toujours le retour à la nature, la mise en œuvre des méthodes d'observation et d'expérimentation. Seulement, il se passa alors un fait décisif. Lui, qui avait déjà employé dans la préface de *Thérèse Raquin* le mot

« naturalisme, » le répétait fréquemment ; et ce fameux mot se trouva lancé. Ses ennemis le ramassèrent, voulurent le ridiculiser, s'escrimèrent contre. Du coup, le mot devint un drapeau, dans une bataille où le critique — je n'insisterai jamais trop — n'apportait rien qu'il n'eût déjà dit, en substance, dès 1865. On se souvient de tout ce tapage qui n'est pas près de se calmer. L'école naturaliste fut ainsi fondée, sans préméditation, grâce surtout aux aboiements de la critique, qui lança de la sorte le groupe d'écrivains qu'elle avait la prétention d'étouffer. Zola, pour sa part, s'est toujours défendu d'être chef d'école ; son attitude à cet égard n'a jamais varié ; et comme il le répète à satiété, il n'a jamais fait que constater, en critique, le mouvement même du siècle.

Il resta au *Bien public*, tant qu'exista ce journal, puis passa au *Voltaire*, lorsque celui-ci eût remplacé celui-là. Il y continua d'ailleurs la même besogne : jugeant les grands comme les petits avec une belle franchise, soulevant de temps à autre de profonds scandales dans la presse. Il jouissait d'une liberté absolue dans cette feuille, il y donnait une note toute personnelle et très différente de celle des autres rédacteurs. Au milieu de l'été 1880, il y eut pourtant une rupture entre lui et le directeur du *Voltaire*, rupture survenue à la suite d'un article où le critique avait eu la sincérité de dire toute sa pensée sur le cas du *Gil Blas*, qui reproduisit *in extenso* son feuilleton et fit même des offres magnifiques à ce défenseur inespéré. Les offres ne furent pas acceptés, et, depuis, — comme auparavant, du reste, — le *Gil Blas*, qui compte dans sa rédaction deux ou trois des grands ennemis littéraires du romancier, ne manque pas une occasion de l'éreinter.

Au lieu d'aller au *Gil Blas*, Zola rentra au *Figaro*, quitté par lui en 1867. Il y a toujours eu en lui un peu du missionnaire, du convertisseur. Et il était décidé à passer par-dessus toute autre considération, pourvu que sa voix portât plus loin, parmi les couches d'un public qui ignorait encore ses idées ou qui ne les connaissait que par ouï-dire. D'autre part, sa vieille démangeaison critique le prenait devant la politique. Après la littérature — après l'art — après le théâtre, — il croyait devoir porter sa méthode dans un nouveau champ d'observation. Cette politique, cette caverne obscure où se démènent bruyamment tant de petits hommes poussés par l'intérêt personnel, pourquoi ne pas tenter de l'éclairer, en y promenant le flambeau de la méthode expérimentale ? Désireux d'élargir le cercle de ses investigations, de tenter un essai de politique scientifique, républicain avec cela, et d'autant plus aiguillonné par le besoin de dire leur fait à des hommes comme MM. Floquet, Ranc ou Jules Ferry, Zola, à faire encore du journalisme, ne pouvait en faire que dans un journal de sceptiques, où toute liberté lui était donnée.

J'ai, jusqu'ici, laissé de côté le *Messager de l'Europe*, cette Revue de Saint-Pétersbourg, où il a publié, traduits en russe, de grands articles, dont quelques-uns firent tant de vacarme. Je vais me répéter une dernière fois ; mais, en vérité, je ne puis encore dire que les mêmes choses. Ce fut un besoin d'argent et un besoin de juger les hommes et les œuvres en toute sincérité, qui décidèrent notre critique à écrire dans un journal étranger. A ce moment-là, pas un journal à Paris — la littérature, bien plus qu'aujourd'hui, étant reléguée au second plan — n'eût consenti à lui prendre de longues études littéraires, comme il méditait d'en écrire. Même la suppression du *Corsaire*, à la suite d'un de ses articles : le *Lendemain de la crise*, le faisait regarder alors comme un journaliste très dangereux. Ce fut donc son ami, le grand romancier russe, Ivan Tourguéneff, qui lui dit un jour : « Mais puisqu'on ne veut pas de vous en France, désirez-vous que je vous trouve, en Russie, une correspondance mensuelle ? » Il accepta.

Alors, le mois suivant, en 1875, commença la campagne du *Messager de l'Europe*. Zola, naturellement, y défendit, et dans des cadres beaucoup plus larges, les idées qu'il avait défendues à Paris. Certains mois d'ailleurs, pour varier, il donnait des nouvelles, des études sociales, même des fantaisies, de simples chroniques. L'étude qui eut le plus de retentissement, fut la fameuse étude : *Les roman-*

ciers contemporains. Il l'avait envoyée bien innocemment, sans se douter le moins du monde du tapage et des colères qu'elle allait soulever. Ce n'était pour lui que des notes, de courts portraits rapidement écrits, et qu'il aurait voulu développer plus tard, enfin une sorte de procès-verbal, une simple revue du roman actuel.

J'ajouterai que toutes ces études publiées par le *Messager de l'Europe* ont paru en volumes. L'auteur les a classées logiquement par groupes. Après avoir songé un moment à les retoucher, il s'est décidé à les donner telles quelles, pour répondre aux accusations qui l'ont, dans le temps, représenté comme un calomniateur, écrivant en Russie, sous le masque d'une traduction, ce qu'il n'oserait écrire en France. On le connaît bien peu, quand on lui prête de pareils calculs.

Voici les divers volumes qu'a produits cette collaboration de cinq ans à un journal étranger :

1° Le *roman expérimental*, contenant : l'étude de ce nom, puis *Lettre à la jeunesse, le Naturalisme au théâtre, l'Argent dans la littérature, la République et la littérature* ;

2° *Les romanciers naturalistes*, contenant : cinq grands portraits : *Balzac, Stendhal, Gustave Flaubert, Edmond et Jules de Goncourt, Alphonse Daudet*, et la fameuse étude *Les Romanciers contemporains*, qui produisit tant de scandale ;

3° *Documents littéraires*, autre volume de portraits : *Chateaubriand, Victor Hugo, Musset, Théophile Gautier, les Poètes contemporains, George Sand, Dumas fils, Sainte-Beuve, la Critique contemporaine, de la Moralité dans la littérature.*

En outre, Zola compte réunir en deux volumes les nouvelles publiées à Saint-Pétersbourg.

Il a également réuni, en deux volumes, ses articles de critique dramatique du *Bien public* et du *Voltaire* : 1° *Le Naturalisme au théâtre* contient ses vues générales et leur application aux genres divers du théâtre. — 2° *Nos Auteurs dramatiques* renferment, au nom de chacun de nos principaux auteurs dramatiques, les différents articles écrits sur cet auteur.

Tels sont, avec *Mes Haines*, le recueil d'articles publié en 1866, les résultats de seize ans de critique. Cela fait six volumes, et il faut y ajouter le recueil des articles du *Figaro*, qui va paraître sous ce titre : *Une campagne*, 1880-1881.

Aujourd'hui, Zola a quitté le journalisme. Le roman et le théâtre sont des champs assez vastes pour qu'il y exerce l'activité du restant de sa carrière littéraire. Ses idées générales n'ayant jamais varié, il a dit son mot en critique — mot dont il faudra à coup sûr tenir compte dans l'histoire littéraire de la fin de ce siècle, — et, sagement, de peur de se répéter outre mesure, il préfère se taire.

Ces idées générales de critique, quelles sont-elles? Ne faisant ici qu'œuvre d'historien, je n'entends pas donner une exposition complète de ces idées, encore moins les approuver ou les combattre, en un mot les discuter. Mais, sans sortir de ma besogne, qui est une simple constatation des faits, cette étude contiendrait une lacune, si je ne plaçais pas ici un aperçu sommaire des idées critiques d'Émile Zola.

La première formule fut donnée par lui dans *Mon Salon :* « Une œuvre d'art est un coin de la nature vu à travers un tempérament. » Je remarque en passant que ce n'est qu'une traduction imagée et très nette de la définition empruntée à Bacon par Diderot : *Homo additus naturæ.* Zola ne s'en est jamais écarté; c'est-à-dire qu'il a toujours réservé la question de la personnalité, et qu'il a ensuite pris la nature comme base solide et nécessaire.

Parti du romantisme, il en est arrivé à une sorte de classicisme rajeuni. C'est-à-dire qu'il souhaite une forme sobre, nette, simple surtout. Mais il est d'avis qu'on ne doit imposer aucune rhétorique, ou, pour mieux dire, il accepte toutes les rhétoriques, par cela même qu'il a le respect de toutes les personnalités.

Mettant donc à part cette question des personnalités, où il ne croit pas que le critique puisse intervenir, il étudie surtout les œuvres au point de vue de leurs rapports avec la nature. De là, ce qu'il a nommé « le naturalisme, » c'est-à-dire le mouvement qui, parti du dix-huitième siècle, est en train de remettre en question toutes les connaissances, de reprendre l'étude du monde par les méthodes d'observation et d'expérimentation. Le mouvement a lieu dans toutes les manifestations de l'intelligence ; ce qui explique comment notre critique a pu poursuivre sa campagne dans tous les domaines : l'art, le théâtre, la politique elle-même, — en retrouvant partout le même courant, et en appliquant partout la même méthode de juger.

Son roman expérimental, son roman naturaliste, n'est donc toujours, selon lui, qu'une des nombreuses conséquences du travail scientifique du siècle. Il croit que nous devons aujourd'hui étudier l'homme physiologique, comme les écrivains des siècles passés étudiaient l'homme métaphysique. Et cela, non seulement dans le roman, mais au théâtre, en peinture, même dans le domaine politique.

Tel est le fond, l'idée mère, la moelle de la critique d'Émile Zola. Avec cela, il a noirci beaucoup de papier, écrit un nombre incalculables d'articles. Il en écrirait des centaines encore, qu'il ne remuerait pourtant pas autre chose. Et, en terminant, je ne puis que constater une dernière fois l'absolue unité de vue, la marche continue vers un but fixe, le développement entêté, et pourtant progressif, de cet esprit.

IX

MÉTHODE DE TRAVAIL

Chaque écrivain se fait à lui-même une méthode de travail, appropriée à son tempérament, à son originalité. Et c'est en étudiant cette méthode, dont la foule, touchée seulement des résultats, ne se préoccupe point, que l'on peut démonter le mécanisme d'un talent et surprendre le jeu intime de ses rouages.

La méthode de travail de Zola se trouve clairement expliquée dans un ouvrage de M. Edmondo de Amicis : *Souvenirs de Paris et de Londres*, traduit de l'italien par madame J. Colomb. Il y a bien quelques erreurs de détail et certaines lacunes, auxquelles je m'efforcerai de remédier; mais je vais d'abord prendre les passages exacts, ceux qu'il me serait impossible de ne pas répéter.

Pour donner plus de vivacité à son exposé, M. de Amicis fait parler l'auteur des *Rougon-Macquart* lui-même :

— « Voici comment je fais un roman. Je ne le fais pas précisément, je le laisse se faire de lui-même. Je ne sais pas inventer des faits : ce genre d'imagination me manque absolument. Si je me mets à ma table pour chercher une intrigue, un canevas quelconque de roman, j'y reste trois jours à me creuser la cervelle, la tête dans les mains, j'y perds mon latin et je n'arrive à rien. C'est pourquoi j'ai pris le parti de ne jamais m'occuper du sujet. Je commence à travailler à mon roman, sans savoir ni quels événements s'y dérouleront, ni quels personnages y prendront part, ni quels en seront le commencement et la fin. Je connais seulement mon personnage principal, mon Rougon ou mon Macquart, homme ou femme, et c'est une vieille connaissance. Je m'occupe seulement de lui, je médite sur son tempérament, sur la famille où il est né, sur ses premières impressions et sur la classe où j'ai résolu de le faire vivre. C'est là mon occupation la plus importante : étudier les gens avec qui ce personnage aura affaire, les lieux où il devra vivre, l'air qu'il devra respirer, sa profession, ses habitudes, jusqu'aux plus insignifiantes occupations auxquelles il consacrera ses moments perdus. »

C'est donc par l'étude des milieux que débute Émile Zola. Ainsi je l'ai montré, lorsqu'il écrivait

Nana, assistant aux premières représentations, étudiant les coins et les recoins d'un théâtre, visitant la loge d'une actrice et l'hôtel d'une fille, allant voir courir le grand prix. Pendant ce temps, il observe, interroge, devine, toujours le crayon à la main. Ici, je coupe une nouvelle citation dans l'étude de M. de Amicis, qui continue à faire parler notre auteur :

— « Après deux ou trois mois de cette étude, je me suis rendu maître de ce genre de vie ; je le vois, je le sens, j'y vis en imagination, et je suis sûr de donner à mon roman la couleur et le parfum spécial de ce monde-là. En outre, en vivant quelque temps, comme je l'ai fait, dans cette couche sociale, j'ai connu des personnes qui lui appartiennent, j'ai entendu raconter des faits réels, je sais ce qui s'y passe ordinairement, j'ai appris le langage qui s'y parle, j'ai en tête une quantité de types, de scènes, de fragments de dialogues, d'épisodes, d'événements, qui forment comme un roman confus de mille morceaux détachés et informes. Alors, il me reste à faire ce qui est le plus difficile pour moi : rattacher avec un seul fil, de mon mieux, toutes ces réminiscences et toutes ces impressions éparses. C'est presque toujours un long travail. Mais je m'y mets flegmatiquement, et au lieu d'y employer l'imagination, j'y emploie la logique. Je raisonne avec moi-même, et j'écris mes soliloques, parole par parole, tels qu'ils me viennent, de façon que, lus par un autre, ils paraîtraient étranges. Un tel fait cela. Qu'est-ce qui découle ordinairement d'un fait de ce genre ? cet autre fait. Est-il capable d'intéresser cette personne ? Certainement. Il est donc logique que cette autre personne réagisse de cette manière. Et alors, un nouveau personnage peut intervenir ; un tel, par exemple, que j'ai connu à tel lieu, tel soir. Je cherche les conséquences immédiates du plus petit événement ; ce qui dérive logiquement naturellement, inévitablement du caractère et de la situation de mes personnages. Je fais le travail d'un commissaire de police qui veut, sur un léger indice, découvrir les auteurs d'un crime mystérieux. Je rencontre cependant souvent beaucoup de difficultés. Parfois, il n'y a plus que deux fils à nouer, une conséquence des plus simples à déduire, et je n'en viens pas à bout, et je me fatigue, et m'inquiète inutilement. Alors je cesse d'y penser, parce que je sais que c'est du temps perdu. Il se passe deux, trois, quatre jours. Un beau matin, à la fin, pendant que je déjeune et que je pense à autre chose, tout à coup les deux fils se nouent, la conséquence est trouvée, toutes les difficultés sont tranchées. Alors un flot de lumière coule sur tout le roman. Je vois tout, et tout est fait. Je reprends une sécurité, je suis sûr de mon affaire, il ne me reste plus à accomplir que la partie la plus agréable de mon travail. Et je m'y mets tranquillement, méthodiquement, montre en main. J'écris chaque jour un peu, trois pages d'impression, pas une ligne de plus, et le matin seulement. J'écris presque sans ratures, parce qu'il y a des mois que je rumine tout; et, dès que j'ai écrit, je mets les pages de côté et je ne les revois plus qu'imprimées. Je puis calculer infailliblement le jour où j'aurai fini. »

M. de Amicis raconte ensuite que Zola lui a montré tout le dossier de l'*Assommoir*. Je donne encore cette citation, qui me paraît tout à fait intéressante :

« Sur les premières feuilles, il y avait une esquisse des personnages : des données sur la personne, le tempérament, le caractère. J'y trouvai le plan du caractère de Gervaise, de Coupeau, de maman Coupeau, des Lorilleux, des Boche, de Goujet, de madame Lerat ; ils y étaient tous ! On eut dit des notes d'un registre de questure, écrites en langage laconique et très libre, comme celui du roman, et entremêlés de raisonnements brefs, comme : — Né ainsi, élevé de telle façon ; il agira de telle manière. — Dans un endroit, je lus : « Et que pourrait faire d'autre, une canaille de cette espèce ? » — Je me souviens, entre autres, de l'esquisse de Lantier, qui était une liste d'adjectifs, lesquels formaient une gradation croissante d'injures : *grossier, sensuel, brutal, égoïste, polisson.* Dans quelques endroits, on lisait : se servir d'un tel (personne connue de l'auteur). Tout cela écrit avec ordre, d'une écriture grosse et claire. — Puis, les croquis des lieux me passèrent sous les yeux, croquis faits à la plume, exactement, comme des dessins d'ingénieur. Il y en avait un amas ; tout l'*Assommoir* dessiné : les rues du quartier où se déroule le roman, avec les coins et l'indication des boutiques ; les zigzags que faisait Gervaise pour éviter ses créanciers ; les escapades dominicales de Nana ; les pérégrinations de la compagnie des buveurs, de *bastringue* en *bastringue* et de *bousingot* en *bousingot*; l'hôpital et la boucherie, entre lesquels elle allait et venait, dans cette terrible soirée, la pauvre repasseuse déchirée par la faim. La grande maison de Marescot était dessinée en détail ; tout le dernier étage, les paliers, les fenêtres, l'antre du croquemort, le trou du père Bru, tous ces corridors lugubres où l'on sentait « un souffle de crevaison, » ces murs qui résonnaient comme des ventres vides, ces portes d'où sortait une perpétuelle musique de coups de bâton et de cris de mioches affamés. Il y avait aussi le plan de la boutique de Gervaise, chambre par chambre, avec l'indication des lits et des tables, et des corrections en plusieurs endroits. On voyait que Zola s'y était amusé pendant des heures, oubliant peut-être jusqu'à son roman, et plongé dans sa fiction comme dans un souvenir personnel. — Sur d'autres feuilles, il y avait des notes d'un autre genre. J'en remarquai deux en particulier : « vingt pages de description de telle chose, » — « douze pages de description de telle scène, à diviser en trois parties. » On comprend qu'il avait en tête sa description, formulée avant d'être écrite, et qu'il l'entendait résonner, mesurée et cadencée, comme un air auquel il ne manque plus que les paroles. Elle est moins rare qu'on ne pense, cette manière de travailler au compas, même dans les choses d'imagination. Zola est un grand mécanicien. On voit comment ses descriptions procèdent symétriquement, en reprises séparées quelquefois par une espèce de remplissage placé là pour que le lecteur reprenne haleine, et divisées en parties presque égales; comme celle des fleurs du parc, dans la *Faute de l'abbé Mouret*, celle de l'orage dans *Une page d'amour*, celle de la mort de Coupeau, dans l'*Assommoir*. On dirait que son esprit, pour travailler ensuite tranquille et débarrassé des minuties, a besoin de se tracer d'abord les limites précises de son travail, de savoir exactement sur quels points il pourra se reposer, et quelle étendue et quelle forme prendra son travail à l'imprimerie. Quand il a trop de matière, il la rogne pour la faire rentrer dans ces limites, et quand elle lui manque, il fait un effort pour l'agrandir jusque-là. Il a un amour invincible pour les proportions, qui peut quelquefois engendrer la prolixité, mais qui souvent, en forçant la pensée à insister sur son sujet, rend l'œuvre plus profonde et plus complète. — Outre ces notes, il y en avait d'autres, extraites de la *Réforme sociale en France*, de Le Play, de l'*Hérédité naturelle*, du docteur Lucas, et d'autres œuvres dont il s'est servi pour écrire son roman, *le Sublime*, entre autres, qui, depuis la publication de l'*Assommoir*, a été réimprimé et relu. Car c'est un privilège des chefs-d'œuvre de mettre en honneur même les œuvres médiocres dont ils sont sortis. »

Ces pages sont excellentes. Mais elles restent un peu confuses pour ceux qui connaissent plus à fond la méthode de travail de Zola. Je vais donc donner ici la façon précise dont il forme le dossier d'un roman.

D'abord, ce qu'il appelle « l'Ebauche. » Il a choisi son Rougon ou son Macquart, il sait dans quel milieu il veut le mettre ; et il connaît l'idée générale ou mieux la pensée philosophique qui doit régir le roman. Alors, la plume à la main, il cause avec lui-même sur son personnage. Il cherche des figures secondaires déterminées par le milieu. Il tâche de nouer quelques premiers faits, que lui donne la logique des milieux et des personnages. En un mot, il débrouille ses idées et arrête un sujet. Mais tout cela reste encore très vague.

Après avoir mis « l'Ebauche » dans une chemise, il passe à ce qu'il appelle « les Personnages. » C'est, à proprement parler, l'état civil des divers personnages. Il reprend chacun de ceux qu'il a trouvés, en écrivant l'Ebauche, et lui dresse des actes : histoire, âge, santé, aspect physique, tempérament, caractère, habitudes, alliances, etc. En un mot, tous les faits de la vie. Nouvelle chemise, naturellement.

Passant ensuite au milieu, il va prendre des notes

sur le quartier où se déroule l'histoire. En outre, il fait une étude des métiers de ses personnages; il visite les décors des grandes scènes; il réunit ainsi, dans une autre chemise, tous les détails techniques qui lui sont nécessaires.

Puis, viennent les documents extraits des ouvrages spéciaux, qui s'étiquettent dans de nouvelles chemises. Il en est de même des renseignements fournis par les amis, des nombreuses lettres qu'il se fait écrire sur des points particuliers, par celles de ses connaissances qu'il sait bien renseignées.

On voit que le dossier grossit à vue d'œil. C'est déjà tout un paquet considérable de feuilles classées avec soin, de renseigments qui dépassent parfois en matière le livre à écrire. Mais, pourtant, il n'y a encore là que des notes. C'est à ce moment que Zola s'occupe enfin du « plan. »

Il divise les matières en un nombre arrêté de chapitres. Nouveau travail tout de logique, très minutieux, très long. Cela devient une sorte de composition rythmée, où chaque personnage reparait à des intervalles calculés, où les faits cessent et reprennent, comme certaines phrases dans les symphonies musicales. Il est à coup sûr un des romanciers qui composent avec l'art le plus compliqué et le plus mathématique. M. de Amicis a raison de l'appeler « un mécanicien, » car c'est vraiment de la mécanique transcendante : on s'en apercevra un jour.

D'ailleurs, le plan ne se fait pas d'un coup. Zola

ne l'obtient que peu à peu, par couches successives. C'est d'abord « l'Ébauche » qu'il dépouille pour reporter à sa place chacun des faits principaux. Ce sont ensuite « les Personnages » qu'il répartit de la même façon : ici, le portrait physique de tel personnage ; là, un trait saillant de son caractère ; plus loin, les changements amenés par les faits dans le tempérament de tel autre ; plus loin encore, l'état d'âme décisif où il a voulu le conduire. Et il dépouille ainsi chaque dossier. Tout doit entrer peu à peu, et à la place précise : le quartier, la maison, les lieux des grandes scènes. Non pas en bloc, certes ! mais espacé, balancé, distribué, selon les exigences du récit et le besoin des situations.

Voilà donc le plan enfin arrêté dans ses grandes lignes. Seulement, tout cela n'est encore que dégrossi. Dans chaque chapitre, les matières qu'il doit contenir sont un peu jetées à la pelle, au hasard du dépouillement des dossiers partiels. Aussi, avant de se mettre à écrire, se trouve-t-il forcé, chaque fois qu'il aborde un nouveau chapitre, de refaire ce qu'il appelle un « plan définitif. » C'est-à-dire qu'il prend, dans le plan primitif, toutes les notes amassées et qu'il les combine, les met en œuvre dans l'ordre nécessité par la déduction des chapitres déjà écrits et par l'effet littéraire qu'il veut tirer du chapitre à écrire. C'est un peu, alors, comme s'il arrêtait la mise au point et la marche d'un acte de drame, dont il n'aurait réuni d'abord que les matériaux. Et cela va d'un bout du roman à l'autre, à mesure qu'il passe d'un chapitre au suivant.

Enfin, je ferai remarquer que ce système de composition par sédiments successifs, se continue au fur et à mesure qu'il écrit son livre ; car le plan des chapitres futurs reste toujours ouvert, et il y reporte sans cesse les notes recueillies en chemin. Ainsi, lorsque, dans un chapitre, une note n'a pu être employée, parce qu'elle n'arrivait pas à sa place, il la rejette dans un des chapitres suivants, à l'endroit où il sent qu'elle se casera d'une façon logique. En outre, pendant qu'il écrit, il découvre parfois tout d'un coup que tel événement dont il s'occupe, que telle parole qu'il prête à un personnage, doivent avoir plus loin un retentissement. Et, pour ne pas perdre cette brusque illumination, il l'inscrit séance tenante sur la feuille de papier qui lui sert d'appui-main ; puis, le chapitre fini, il dépouille l'appui-main et reporte les notes qui s'y trouvent, dans les chapitres à faire où elles doivent trouver place.

On voit combien cette méthode de travail, procédant du général au particulier, est à la fois complexe, logique et sûre. Un ami de Zola, avec lequel j'en parlais, m'a dit que cela rappelait l'orchestration, si savante et si nouvelle, de Wagner. J'ignore jusqu'à quel point le rapprochement est juste. Mais il est certain que les œuvres d'Emile Zola, lorsque des profanes les ouvrent pour la première fois, doivent leur produire un peu de l'étourdissement des opéras wagnériens. On croit d'abord à une grande confusion; on est sur le point de s'écrier qu'il n'y a là ni composition, ni règles. Et, pourtant, lorsqu'on pénètre dans la structure même de l'œuvre, on s'aperçoit que tout y est mathématique, on découvre une œuvre de science profonde, on reconnaît un long labeur de patience et de volonté.

X

LE SUCCÈS

Maintenant que j'ai raconté le romancier, l'auteur dramatique et le critique — ces trois aspects de l'homme de lettres complet — remontons en arrière. Reprenons Zola au 14 de la rue de la Condamine, où nous l'avons laissé commençant la série des *Rougon-Macquart*.

C'était en 1869, quelques mois avant la guerre. Il ne passa pas le temps du siège à Paris. Il s'était marié, et sa femme qui se trouvait très souffrante, avait été envoyée dans le Midi, vers cette époque. Ce fut ainsi qu'il se trouva à Marseille, lorsque les Prussiens investirent notre capitale.

A Marseille, pourtant, il fallait vivre. N'ayant alors ni fortune, ni avances, ni économies, se voyant coupé de Paris, siège de ses relations et de ses débouchés littéraires, il n'envisageait pas sans effroi cette période de perturbation générale. Aussi fut-il très heureux de retrouver là-bas M. Léopold Arnaud, directeur du *Messager de Provence*, feuille où avaient jadis paru les *Mystères de Marseille*. Ce dernier lui offrit aussitôt de lancer à Marseille un petit journal à un sou, en attendant que Paris fut rouvert. Le journal parut et s'appela : *la Marseillaise*. Zola le rédigeait en entier avec l'aide de Marius Roux, son ami d'enfance, son collaborateur du drame : les *Mystères de Marseille*. Le succès fut d'abord très vif, la *Marseillaise* tira d'emblée à dix mille, chiffre considérable en province. Malheureusement, des difficultés d'installation et le manque d'outillage furent cause que le journal, au lieu de gagner, perdit bientôt.

Zola, inquiet, se décida alors à se rendre à Bordeaux, où venait de se transporter la délégation du gouvernement de la Défense nationale. Et ce fut là qu'il rencontra M. Glais-Bizoin, qu'il avait connu jadis au journal *la Tribune*, dont le digne homme était un des plus forts actionnaires. Pour faire comprendre ce qui va suivre, il faut dire ici un mot de *la Tribune*.

Cette feuille hebdomadaire avait été créée comme arme électorale, en vue des élections générales de 1869. Ses rédacteurs et ses actionnaires furent naturellement recrutés parmi les républicains ambitionnant une candidature. Zola disait en riant : « Ici, il n'y a que deux hommes qui ne soient pas candidats : le garçon de bureau et moi. » Il arriva que, les actionnaires du journal étant nombreux, plusieurs durent se présenter dans la même circonscription et furent ainsi compétiteurs. Or, comme *la Tribune* se trouvait obligée de ne nuire à aucun de ses actionnaires, et qu'elle ne pouvait pourtant pousser plusieurs candidats à la fois, cette arme mémorable, aiguisée à grands frais en vue des élections, devint radicalement inutile. Pendant la période électorale, le journal fut même réduit au silence. Seulement, les rédacteurs recueillirent cet avantage imprévu qu'au lendemain du Quatre-Septembre, ce fut un titre d'avoir été rédacteur de la *Tribune* : sous le nouveau régime, tous les anciens collaborateurs et le garçon de bureau lui-même, se trouvèrent désignés pour avoir des places.

Ici, j'ouvre une parenthèse, car je m'aperçois que le moment est venu de parler une fois pour toutes des opinions politiques d'Emile Zola. De tempérament, il est incontestablement révolutionnaire, comme l'avait pressenti jadis M. Hachette, qui, après avoir lu ce simple conte pour les enfants : *Sœur des pauvres*, fit venir son jeune employé dans son cabinet et lui dit : « Vous êtes un révolté ! » Il est donc un de ces esprits indépendants que la hardiesse attire, que la solitude et l'impopularité n'effrayent pas, un de ces esprits toujours portés à être dans l'opposition. Lors de ses débuts, à l'époque de jeunesse insouciante et de misère où il battait le pavé de Paris avec son grand ami Paul Cézanne, il éprouvait le plus beau mépris d'artiste pour la politique, qu'il ignorait d'ailleurs. Toutes ses ambitions se tournaient déjà vers la littérature; il ne comprenait même pas que des jeunes gens de son âge pussent rêver un siège à la Chambre. Puis, les années venant, il cessa d'ignorer la politique : il vit de près les événements, assista à des débats parlementaires, suivit la carrière publique de certains de ses contemporains. Eh bien ! son mépris pour la politique n'a fait que grandir. Certes, il est républicain, il est convaincu que le seul gouvernement logique, la forme définitive, doit être la République; mais il n'a jamais voulu, pour sa part, entrer dans l'application : besogne trouble, où il ne distingue que confusion, petitesses, vilenies. Il est donc resté ce que j'appellerai un républicain théorique, croyant à des lois, ne croyant guère aux hommes pui prétendent les déterminer. Cela explique suffisamment comme quoi, tout en ayant longtemps collaboré à des journaux républicains, il les juge « des boutiques, » ainsi que les journaux réactionnaires d'ailleurs. En somme, il ne s'inquiète nullement des opinions de la feuille de papier où il écrit, sachant que, nulle part, on ne le forcera à dire ce qu'il ne veut pas dire.

Mais nous en étions à la *Tribune*, dont tous les rédacteurs se trouvèrent, après le Quatre-Septembre, membres du gouvernement, préfets ou ambassadeurs. Zola, qui venait d'arriver à Bordeaux, pour chercher à entrer dans un journal quelconque, en attendant des jours meilleurs, fit une heureuse rencontre. Le lendemain de son arrivée, comme il passait sur le port, il fut tout à coup helé de loin par un vieillard, dont le visage exprimait une profonde stupéfaction. C'était M. Glais-Bizoin qui, avec M. Eugène Pelletan, avait dirigé la *Tribune.*

— Comment! c'est vous? cria-t-il. Vous n'êtes donc pas à Paris!... Mais d'où sortez-vous donc?

— Je viens de Marseille, répondit Zola.

— Pourquoi n'êtes-vous pas venu à Tours? Nous avons eu besoin de tant de monde!

Et le membre de la délégation se mit à énumérer les noms des anciens rédacteurs de la *Tribune,* tous casés depuis longtemps, et fort bien. Zola avoua alors à son ancien directeur, que lui, fort embarassé, cherchait quelque chose. L'excellent M. Glais-Bizoin ne le laissa pas achever.

— Mais, mon cher, on va vous donner une préfecture! Vous avez été de la *Tribune,* ça suffit.

Dès lors, Zola ne quitta plus Bordeaux. Il y fit même venir sa femme et sa mère, restées à Marseille. Quant à la préfecture, elle ne lui fut pas donnée tout de suite; M. Glais-Bizoin le garda quelque temps comme secrétaire, après l'avoir présenté à Clément Laurier, qui s'était engagé séance tenante à lui donner la première situation vacante.

J'ai l'air, depuis un moment, de raconter des choses étranges. C'est que, depuis un moment, je touche à l'histoire et à la politique. Il faut se reporter à l'affolement de cette époque, pour bien reconstruire l'état psychologique dans lequel se trouvait notre romancier. Il m'a souvent parlé de cette minute de sa vie : — « Je m'imaginais que c'était la fin du monde, qu'on ne ferait jamais plus de littérature... J'avais emporté de Paris le manuscrit du premier chapitre de la *Curée*, et je l'ouvrais parfois, comme j'aurais ouvert des papiers très anciens, qui ne seraient plus que des souvenirs. Paris me semblait reculé, perdu dans les nuages. Et, comme j'avais avec moi ma femme et ma mère, sans aucune certitude d'argent, j'en étais arrivé à croire tout naturel et très sage, de me jeter les yeux fermés dans cette politique que je méprisais si fort quelques mois auparavant, et dont le mépris m'est d'ailleurs revenu tout de suite. »

Me voici donc arrivé à la fameuse histoire de la sous-préfecture de Castel-Sarrazin dont on a voulu écraser Zola; car, ce ne fut pas même une préfecture, mais une sous-préfecture, qu'on finit par lui offrir. Il avait d'abord été question d'Auch, puis de Bayonne; enfin, Clément Laurier fit appeler un jour notre ambitieux d'occasion et lui expliqua que le gouvernement avait besoin, à Castel-Sarrazin, d'un sous-préfet à poigne et à la plume facile, qui pût enlever une élection par des proclamations vigoureuses ; tout de suite après, une préfecture importante récompenserait le fonctionnaire débutant. La nomination était donc signée, lorsque Zola apprit la nouvelle de l'armistice, et celle de l'arrivée de M. Jules Simon. Alors, à la suite d'une seconde conversation avec Clément Laurier, il refusa définitivement sa sous-préfecture. Ses convictions administratives n'avaient pas tenu devant le gâchis qu'il prévoyait. D'ailleurs, Paris était ouvert, maintenant, et il avait senti se réveiller en lui l'écrivain. Outre une correspondance quotidienne, politique et littéraire, que le *Sémaphore*, de Marseille, venait de lui demander — et qu'il garda sept ans — il avait écrit à la *Cloche*, dont il était rédacteur avant le siège, offrant d'envoyer de Bordeaux des articles sur l'Assemblée nationale ; et cette proposition avait été acceptée. Ce n'était donc pas vrai ! Le cauchemar se dissipait. On allait pouvoir de nouveau vivre de sa plume et faire de la littérature ! Son affolement d'une heure était passé à jamais. Comme il le répète dans l'intimité, quand, de loin en loin, un journal lui jette encore à la face sa sous-préfecture ratée de Castel-Sarrazin : — « C'est vrai ! j'ai failli être fonctionnaire, mais je ne l'ai pas été. Et il y en a tant d'autres qui, après l'avoir été, ont la bêtise de l'être encore ! »

Le voilà donc revenu à Paris, enfoncé de nouveau et pour toujours, dans cette incessante production littéraire qui est sa vie, et dont une crise de perturbation générale, comme la dernière guerre, n'était pas parvenu à le détacher. A Paris, au milieu des commencements précaires et troublés de la troisième République, parurent les premiers volumes de ces *Rougon-Macquart* dont j'ai raconté le début modeste, puis le succès tardif, mais colossal, éclatant un beau jour. Pendant la lente incubation de ce succès, l'existence du romancier, toujours pénible pécuniairement, s'améliorait pourtant de volume en volume. Il occupa trois ans encore son petit pavillon précédé d'un jardin, rue La Condamine. L'entrée n'était pas belle; le pavillon, vu son exiguité, était peu habitable; mais le jardin, contenant un grand arbre et plusieurs petits, était consciencieusement bêché, semé, planté, arrosé par lui. Sortant moins encore qu'aujourd'hui, ayant moins de relations et surtout beaucoup moins d'argent pour aller dévaliser les marchands de bibelots, pas assez riche non plus pour quitter Paris l'été et s'offrir le luxe d'une villégiature, il trouvait une distraction hygiénique dans ce jardinet qui lui tenait lieu de café, de cercle, de maison de campagne, de chalet à Trouville. Je le revois, vêtu d'un tricot et d'un vieux pantalon couvert de terre, chaussé de gros souliers fourrés, tondant son gazon, sarclant ses fleurs, arrosant ses salades; ou bien, armé d'un sécateur, émondant ses arbustes; ou même, la scie et le rabot en main, construisant une niche pour son chien, une cabane pour ses lapins et pour ses poules. Quelquefois, par les beaux soirs d'été, la table était mise sur l'étroite terrasse, et la famille dînait dehors. Puis, quelques intimes — Marius Roux, Duranty, les peintres Beliard et Coste, ou moi — arrivions. Et, les coudes sur la table desservie, le thé fumant dans les tasses, on causait jusqu'à minuit, sous les étoiles. Parfois, quand « le jardinier » avait terminé le matin quelque chapitre de la *Curée*, du *Ventre de Paris* ou de la *Conquête de Plassans*, il nous le lisait. Et lorsqu'il s'interrompait à la fin d'un alinéa, ou pour tourner une page, on entendait tout à coup le murmure profond et lointain de Paris : le mystérieux ronflement d'un colosse qui s'endormait.

Cette installation lui revenait à mille francs par an. Ce fut à cette époque que commença sa liaison avec Gustave Flaubert, et qu'il se rapprocha davantage d'Edmond de Goncourt, très isolé et très attristé depuis la mort de son frère. Enfin, en 1874, sa position s'améliorant toujours, il alla habiter, 21, rue Saint-Georges, aux Batignolles (aujourd'hui rue des Apennins). C'était un petit hôtel, avec jardin toujours. Pas d'autres locataires! Et point de concierge! Ce double rêve de tout ménage parisien un peu à l'aise, se trouvait réalisé.

Ici, avec le succès, l'existence de Zola se transforme insensiblement. Jamais il n'avait été si grandement logé. Un sous-sol pour l'office et la cuisine; au rez-de-chaussée, le salon et la salle à manger; puis deux étages : le premier pour lui et sa femme, une vaste chambre et un cabinet de travail très gai, donnant sur le jardin ; enfin, le second étage pour sa mère. Quand il s'agit de meubler tout cela, un grand confortable, même un commencement de luxe, s'introduisirent chez lui. On s'était passé longtemps de domestique ; puis, quelques heures par jour, une femme de ménage était venue aider les dames Zola ; en entrant rue Saint-Georges, on prend tout de suite un domestique mâle à demeure. Plus tard, un couple, le mari et la femme, ne sera pas de trop pour le service. D'autre part, le jardin un peu attristé par les hauts murs qui le séparent des jardins voisins, n'est plus de plain-pied avec le cabinet de travail, et Zola cesse peu à peu de le cultiver lui-même. Ça l'amuse moins, il n'a plus le temps. Puis, l'été venu, voici qu'il a maintenant les moyens de réaliser de vieux rêves de villégiature apportés du Midi : en 1875, il passe la belle saison à Saint-Aubin-sur-Mer ; en 1876, il va à Piriac, en Bretagne ; en 1877, à l'Estaque, aux bords de la Méditerranée. L'hiver, sans devenir pour cela mondain, le cercle de ses relations parisiennes s'étend un peu, et il fréquente deux ou trois salons, surtout celui de M. Georges Charpentier. En même temps, devenu critique dramatique, il assiste aux premières. Public à part, que celui des premières, toujours le même, où chacun se connaît ; pourtant, on resta des mois sans savoir qu'il était dans la salle, cet Émile Zola dont on commençait à tant parler, qui passait pour un rustre et un ours mal léché, mais dont on ignorait encore absolument le visage.

D'un autre côté, à mesure que l'argent arrivait, Zola, qui avait pris l'habitude de courir les marchands l'après-midi pour compléter son ameublement, ne s'arrêta plus : des vieux meubles, il passa aux bibelots. Et, ici, une curieuse remarque. Balzac dit quelque part que les parvenus se meublent toujours le salon qu'ils ont ambitionné autrefois, dans leurs souhaits de jeunes gens pauvres. Eh bien ! justement, dans l'ameublement de notre naturaliste d'aujourd'hui, le romantique des premières années a persisté. Il dit, pour s'en défendre, que ça coûterait trop cher, si l'on voulait un luxe tout moderne. Mais cette économie, réelle au fond, n'est chez lui qu'un prétexte. La vérité est que l'observation de Balzac se trouve ici confirmée. C'est surtout dans son appartement actuel de la rue de Boulogne, où il habite depuis 1877, que Zola a pu contenter d'anciens rêves. Ce ne sont que vitraux, lit Henri II, meubles italiens et hollandais, antiques Aubusson, étains bossués, vieilles casseroles de 1830 ! Quand le pauvre Flaubert venait le voir, au milieu de ces étranges et somptueuses vieilleries, il s'extasiait en son cœur de vieux romantique. Un soir, dans la chambre à coucher, je lui ai entendu dire avec admiration : « J'ai toujours rêvé de dormir dans un lit pareil... C'est la chambre de Saint-Julien l'Hospitalier ! »

Puisque je viens de nommer Gustave Flaubert, il

me faut ici dire un mot de la grande amitié qui lia les quatre romanciers que l'on a appelés « le quadrilatère du roman moderne, » c'est-à-dire : Gustave Flaubert, Edmond de Goncourt, Alphonse Daudet et Emile Zola. Leur trait d'union à tous, fut Flaubert. Zola connaissait les frères de Goncourt depuis 1865 ; en 1866, étant à l'ancien *Evénement*, il avait rencontré Daudet, qu'il perdit ensuite de vue, puis qu'il retrouva chez l'éditeur Charpentier, en 1872. Mais ce fut surtout en se réunissant tous chez Flaubert, chaque dimanche, que la liaison se resserra et devint très solide.

Toujours je me souviendrai des après-midi du faubourg Saint-Honoré. J'avais fait moi-même la connaissance de Flaubert. En province à dix-sept ans, sur les bancs du collège, je m'étais passionné pour *Madame Bovary*. Dix ans plus tard, ayant publié dans une petite revue littéraire une courte nouvelle : la *Fin de Lucie Pellegrin*, la première chose dont je fusse à peu près content, je l'envoyai au maître, qui m'invita à aller le voir le dimanche suivant. Il m'accueillit avec sa cordialité affectueuse et je devins un de ses fidèles.

Outre Edmond de Goncourt, Alphonse Daudet et Emile Zola, les visiteurs les plus assidus étaient : le célèbre romancier russe Tourguéneff ; Guy de Maupassant, très jeune alors, grand canotier l'été, poète l'hiver, chéri de Flaubert en toute saison comme une sorte de fils ; puis, le critique d'art Philippe

Burty, l'éditeur Charpentier, François Coppée, Catulle Mendès, le docteur Pouchet, Bergerat, Maurice Bouchor, Marius Roux, Toudouze; puis, presque toujours ensemble, Huysmans, Céard et Hennique; enfin, à de lointains intervalles, MM. Taine, Renan, Maxime Ducamp, Maurice Sand, Raoul Duval.

La réunion de ces deux ou trois couches d'amis formait un ensemble curieux, où des individus de génération et d'opinions différentes se trouvaient en présence. Mais la grande affection que chacun éprouvait pour Gustave Flaubert, servait de trait d'union suffisant. Et la diversité des jugements, favorisée par la plus absolue liberté de langage, donnait à ces après-midi du dimanche une saveur et un intérêt que je n'ai vus depuis nulle part.

Bientôt même, non contents de se retrouver chaque semaine, désireux de causer dans une absolue intimité, les quatre romanciers « du quadrilatère » se mirent à dîner ensemble une fois par mois; et, en riant, ils appelèrent leur dîner, « le dîner des auteurs sifflés, » car, tous, ils avaient eu des désagréments au théâtre. Il y eut même un cinquième convive : Tourguéneff, grand ami de Flaubert, et pour lequel Zola ressentait la plus vive sympathie. D'ailleurs, Tourguéneff jurait ses grands dieux qu'on l'avait aussi sifflé en Russie.

Quand Zola parle de ces dîners, aujourd'hui que Flaubert n'est plus, l'émotion le gagne, et il répète que ce sont les meilleurs souvenirs de sa vie littéraire. Il trouvait un grand charme pour sa part, à ces conversations qui se prolongeaient toute une soirée, à ces heurts d'idées qui, la discussion achevée, lui laissaient parfois dans l'esprit un ébranlement de plusieurs jours. Étaient-ce vraiment des discussions ? Oui et non ! Selon une expression plus caractéristique, qui est de Zola lui-même, c'étaient « des batailles théoriques entre gens qui, au fond, s'entendaient. »

D'autre part, les jeudis de Zola continuaient rue Saint-Georges, ces jeudis qui avaient commencé dans l'appartement de la rue des Feuillantines, il y avait quelque chose comme quinze ans ! Et ce fut là, rue Saint-Georges, que se rencontrèrent, pour la première fois, un groupe de jeunes hommes de lettres, que les journaux ont désignés parfois sous cette appellation énormément spirituelle : « la queue de Zola. »

Voici comment s'est formé ce petit groupe. J'ai déjà raconté de quelle façon j'avais fait la connaissance de Zola, en 1869. Sept ans plus tard, en 1876, Henry Céard, un jour, vint sonner rue Saint-Georges. C'était un dimanche. N'allant pas à son ministère ce jour-là, il avait eu l'idée de se présenter lui-même à l'auteur des *Rougon-Macquart*, en disant simplement : « J'ai lu tous vos livres et, les trouvant très forts, je viens vous voir. » Peu habitué à des visites pareilles, Zola accueillit le jeune visiteur presque avec embarras ; puis, comme c'était le jour de Flaubert, il racontait une heure après, chez celui-ci, la visite qu'il avait reçue. Flaubert, très touché, s'écria : — Ça, c'est très gentil, et ça fait toujours plaisir !

Quelques dimanches plus tard, Henry Céard revint sonner rue Saint-Georges, accompagné cette fois de son ami Huysmans, qui apportait *Marthe*, récemment parue en Belgique. Tous deux avaient découvert Zola ensemble, en lisant le *Ventre de Paris*.

De mon côté, j'avais fait la connaissance de Léon Hennique. Quelquefois, vers cinq heures, je le rencontrais en plein « Parnasse, » à la *République des lettres*, cette revue de M. Catulle Mendès, qui publiait alors la seconde partie de l'*Assommoir*, et où j'avais porté une nouvelle. Un peu plus tard, à la suite d'une conférence d'Hennique au boulevard des Capucines sur le même *Assommoir*, conférence qui produisit un scandale dans le petit clan parnassien, j'amenai Hennique rue Saint-Georges. Par Catulle Mendès, j'avais aussi connu Huysmans, une nuit de carnaval, devant la porte d'un bal masqué où nous entrâmes. La glace fut rompue tout de suite ; le matin même, j'avais lu *Marthe*, et trouvé une profonde saveur dans cette œuvre excessive, au charme maladif. Dès le lendemain, j'envoyai à mon nouvel ami les deux numéros d'une revue ignorée qui contenaient *La fin de Lucie Pellegrin*. Huysmans, quelques jours après, me faisait dîner chez lui ; Hennique était là, ainsi que Henry Céard, que je n'avais pas encore rencontré. Enfin, ce fut moi qui présentai à mes trois nouveaux amis Guy de Maupassant, avec lequel je m'étais lié chez Flaubert. Dès lors, nous fûmes cinq. Notre petit groupe se trouva constitué. Un beau jeudi soir, tous les cinq, en colonne serrée, nous nous rendîmes chez Zola. Et, depuis, chaque jeudi, nous y sommes retournés.

Maintenant, il faut bien dire un mot de notre véritable attitude devant Zola. Ce qui me force à entrer dans de pareils détails, c'est une absurde légende, qu'il s'agit de détruire, une fois pour toutes. J'ai devant les yeux une partie des aimables articles que certains de nos confrères nous ont déjà consacrés : un joli tas, en quatre ans à peine ! J'y trouve des aménités dans ce genre : « Jeunes présomptueux « — Rebut de la littérature — Plats imitateurs — « Valets impuissants — Épousseteurs de la gloire du « maître — Au-dessous de tout — etc., etc. » Nous sommes des mendiants et des besogneux ! Zola nous entretient ! Nous préparons des romans qui s'appelleront « *Le Bidet,* » — « *Le pot de chambre,* » — « *Le vase de nuit.* » Nous sommes des égouttiers, des saligauds, des vidangeurs de lettres ! J'étonnerais même beaucoup de monde, si, en regard de ces grossièretés, je donnais ici les noms des prétendus hommes d'esprit qui, dans leur haine, ont vidé tout cela sur nos têtes.

La vérité est que nos rapports avec Zola, loin

d'être des rapports d'élèves à maître, ne diffèrent nullement de l'intimité, de la camaraderie affectueuse qui règne entre nous cinq. Au contraire, chacun de nous, je crois, se gênera moins avec lui qu'avec les autres, lui confiera plus librement certaines choses. Lui, un pion? un normalien *in partibus*? Allons donc! Un pontife? Pas davantage! Cet intérieur de la rue de Boulogne, où l'on ne fait jamais de lectures, où l'on dit ce qui vous passe par la tête, où chacun est souvent d'un avis très différent, où l'on n'est même pas forcé d'avoir un avis, où le plus souvent il n'y a pas de conversation générale, enfin ce grand cabinet de travail où nous passons de si bonnes soirées, riant parfois comme des enfants, de tout, de tous, et même les uns des autres, est bien l'opposé d'une chapelle, malgré les vitraux des deux fenêtres.

Et si nos réunions du jeudi, rue de Boulogne, — où Édouard Rod est aussi un assidu, — comportent si peu de solennité, jugez de ce que ce doit être, pendant les visites que nous faisons à ce fameux Médan, où Zola passe maintenant huit mois de l'année.

Médan est un tout petit village, de deux cents âmes au plus, sur la rive gauche de la Seine, entre Poissy et Triel. Il y a un haut et un bas Médan; c'est-à-dire que, des quelques masures de paysans, les unes se trouvent groupées le long de la route de Triel, — à mi-côte d'un coteau admirable, accidenté, planté çà et là d'un bouquet de hauts noyers ; — tandis que les autres semblent avoir glissé au bas de la rampe, jusqu'au remblai du chemin de fer de l'Ouest, qui passe en cet endroit parallèlement à la Seine, à une centaine de pas de la rive.

Ce coin du riche département de Seine-et-Oise est adorablement pittoresque. Ce ne sont que prairies grasses où des vaches paissent, rideaux de grands saules et de peupliers, quinconces de pommiers, massifs de noyers, de chênes et de trembles. La route elle-même, un peu creuse entre ses deux talus gazonnés, semblables à deux bancs de velours vert continus, monte et descend à chaque instant, ombragée, sans poussière, propre comme une allée de parc anglais. Et, sur tout cela, un grand calme plane, coupé de temps en temps par le passage d'un train ou par le sifflement de quelque transport à hélice, qui remonte lentement la rivière en remorquant cinq ou six péniches. On se croirait à cent lieues de Paris. Rien que des paysans. Dans toute la commune, une seule maison de bourgeois parisien, et « le château, » rarement habité, changeant souvent de propriétaires. Voilà Médan.

Comment Zola a-t-il découvert Médan ? Le hasard ! L'Exposition universelle de 1878 y est aussi pour quelque chose. Dès l'automne 1877, au retour d'un séjour de cinq mois à l'Estaque, Zola, qui, depuis plusieurs années, avait l'habitude de louer chaque été une petite maison tantôt ici, tantôt là, toujours au bord de la mer, pour y passer quelques mois avec sa mère et sa femme, songea à louer quelque chose, cette fois, aux environs de Paris, dont il ne voulait pas trop s'éloigner, à cause de la prochaine Exposition.

On lui avait parlé de Triel. Il se rend donc à Triel. Mais la platitude du pays, l'importance du gros village le consternent et le rebutent. — « Ça, la campagne ? Alors, autant tout de suite les Batignolles ! » Et, l'après-midi n'étant pas avancé, il loua une voiture, afin de visiter le pays plus à fond, avant de reprendre le train à Poissy.

En route, il rencontre d'abord Vernouillet, un petit village qui le console un peu. La route devient tout à fait pittoresque. Dix minutes plus loin, nouveau petit village. La première maison qu'il aperçoit, — étroite, cachée dans un nid de verdure, isolée du hameau par une allée d'arbres magnifiques qui descend jusqu'à la Seine, et sous laquelle un pont livre passage à la voie ferrée, — la première maison lui fait éprouver ce que, en amour, Stendhal appelait « le coup de foudre. » Seulement, un écriteau : « *A vendre* » pendait près de la porte. Bien qu'il n'eut aucune envie de devenir propriétaire, il visita quand même, espérant arriver à une location ; mais il se heurta contre une volonté absolue, et ce fut alors en lui un combat de quelques jours, qui se termina chez le notaire.

Il avait acheté la petite maison neuf mille francs.

Une bagatelle ! La petite maison tenait de la ferme, et le jardin était grand comme un mouchoir. Quelques semaines après, les maçons, les peintres, les tapissiers y entraient pour préparer un premier aménagement. Ils n'en sont plus sortis ! C'est que, après leur avoir fait réparer la petite maison, Zola leur en a fait construire une grande, appropriée à ses besoins professionnels, à son goût du confortable, à sa passion unique : le travail. Cette seconde maison, il est vrai, décupla au moins le prix d'achat.

Voici maintenant l'emploi d'une des journées de notre campagnard.

Huit heures du matin. Il s'éveille dans son large lit Louis XVI, à cannelures de cuivre. Pendant qu'il s'habille, — vêtements de vrai rural, veston et pantalon de velours marron à grosses côtes, souliers de chasseur, — devant lui, par une grande glace sans tain placée au-dessus de la cheminée, il donne un coup d'œil au paysage. La Seine est toute blanche ce matin, et les peupliers de l'île, en face, sont noyés dans une brume cotonneuse.

A peine descendu, il sort avec ses deux chiens : le superbe « Bertrand, » un bon gros terre-neuve, et le minuscule « Raton, » un sacré petit rageur. Quelquefois, madame Émile Zola est de cette sortie matinale. On suit la grande allée ; on passe sur le pont du chemin de fer. Voici la Seine, dont on longe la berge. Si l'eau n'est pas trop froide, Bertrand prend un bain. Un quart d'heure après, on est de retour pour le premier déjeuner. Neuf heures. Au travail !

Ici, dans le nouveau cabinet de travail, tout est immense. Un atelier de peintre d'histoire pour les dimensions. Cinq mètres cinquante de hauteur, sur neuf mètres de largeur et dix de profondeur. Une cheminée colossale, où un arbre rôtirait un mouton entier. Au fond, une sorte d'alcôve, grande à elle seule comme une de nos petites chambres parisiennes, complètement occupée par un divan unique où dix dormeurs seraient à l'aise. Au milieu, une très grande table. Enfin, en face de la table, une large baie vitrée ouvrant une trouée sur la Seine. Je ne parle pas d'une sorte de tribune, élevée au-dessus de l'alcôve au divan, à laquelle on parvient par un escalier tournant : c'est la bibliothèque. Le même escalier mène sur une terrasse carrée, occupant toute la toiture de la nouvelle construction, qui se voit de loin dans la campagne, et d'où le panorama est admirable.

De neuf heures à une heure, assis devant l'immense table, Zola travaille à un de ses romans. « *Nulla dies sine linea,* » telle est la devise inscrite en lettres d'or sur la hotte de la cheminée. Tandis que son maître écrit, « Bertrand » est à ronfler par là, dans un coin.

A une heure, le déjeuner. Zola se livre avec le même soin à ce qui serait son second vice : la gourmandise, — cette littérature de la bouche! A deux heures, la sieste. A trois, arrivée du facteur. Montés par le domestique, les lettres et les journaux réveillent monsieur. Voici la nomenclature des journaux que reçoit Zola : le *Figaro*, l'*Evénement*, le *Gaulois*, le *Voltaire* et le *Gil Blas*, auxquels il est abonné. Je passe sous silence d'autres feuilles qu'on lui envoie gracieusement. On voit qu'il a un goût particulier pour la presse dite « à informations. » Des faits et non des phrases ! des documents ! voilà ce dont sa tournure d'esprit le rend avide. Quant à la correspondance, c'est un envahissement, depuis quelques années. Il se voit fréquemment obligé de ne pas répondre, vaincu par l'entassement.

Le courrier dépouillé, il est quatre heures. Si le temps est beau, et quand il n'y a pas d'épreuves pressantes à corriger, on prend *Nana*, une barque peinte en vert, et l'on se rend dans l'île en face, où Zola a fait construire un chalet. Là, on lit, on cause, on se promène, on s'étend sur l'herbe à l'ombre des grands arbres, « on fait son Robinson, » et l'on ne revient sur la terre ferme que pour dîner, parfois après une longue promenade en canot.

Le dîner a lieu à sept heures et demie. La nappe enlevée, après une causerie accompagnée d'une tasse de thé, quelquefois après une partie de billard, ce parfait bourgeois monte se coucher, vers dix heures. Toutes les lampes s'éteignent, sauf la sienne. Jusqu'à une heure avancée de la nuit, il lit. De temps à autre, pendant cette lecture, au milieu de la large paix environnante, les trains de nuit passent sous la fenêtre, prolongeant leur vacarme dans le grand silence de la campagne. Il s'interrompt, écoute, reste un moment rêveur, puis reprend son livre. Il finit par s'endormir, en songeant « au beau roman moderne qu'il y a à écrire sur les chemins de fer? »

Outre l'ancienne maisonnette de paysan, rendue méconnaissable et augmentée d'une grande bâtisse carrée qui ressemble à une tour, il a fait bâtir un pavillon qui contient des chambres d'ami, souvent occupées. Ce sont toujours les mêmes amis, les amis de toute sa vie, qui visitent Zola à Médan. Ils viennent d'autant plus fréquemment que, l'année dernière, le 17 octobre 1880, madame veuve François Zola s'est éteinte doucement, dans la maison à peine installée; et ils voudraient contribuer de tout leur pouvoir aux efforts de madame Émile Zola pour cacher au fils un grand vide.

Je finirai ces notes biographiques par une anecdote.

Émile Zola, qui, en 1871, avait failli être sous-préfet à Castel-Sarrazin, manqua être décoré en 1878. L'histoire exacte de cette décoration mérite d'être racontée, d'autant plus que des versions étranges ont couru.

Un jeudi, M. Georges Charpentier étant venu voir Zola, le prit à part et lui dit :

— Voici ce qui ce passe : Daudet, l'autre jour, dînait chez M. Bardoux, et, consulté par lui sur les gens qu'il devait décorer, il vous a nommé le premier... M. Bardoux a aussitôt sauté sur votre nom, en disant que c'était une affaire faite... D'ailleurs, il entend vous éviter l'ennui d'une demande écrite. Une simple visite suffira et lui fera plaisir.

Et M. Charpentier ajoutait :

— Cela contrarie beaucoup Daudet, car il ne sait comment vous prendrez la chose. Il ignore vos intentions et craint de vous avoir trop mis en avant, sans qu'il en ait été causé avec vous.

Un peu surpris, Zola ne put cacher qu'il aurait préféré qu'on ne l'engageât pas ainsi; qu'il n'avait point demandé la croix et qu'il comptait bien ne la demander jamais; mais, qu'en somme, il n'était pas assez paysan du Danube pour refuser d'aller voir M. Bardoux, un des grands amis de Flaubert.

Du reste, il apprit bientôt que Flaubert, lui aussi, avait demandé pour lui la décoration au ministre.

Quelques jours plus tard, il alla voir M. Bardoux, accompagné de Daudet, qui amenait également un autre de ses amis, M. Gustave Droz, dont il avait aussi mis le nom en avant. L'entrevue, cela va sans dire, fut très cordiale. Le ministre, avec une discrétion de bon gout, ne parla de la croix que sur le seuil du cabinet, en s'engageant d'une façon brève et formelle, pour le mois de juillet suivant.

Voilà donc Zola qui était décoré, sinon malgré lui, du moins sans l'avoir voulu. M. Bardoux, paraît-il, était très plein de l'idée de le décorer, car il en parlait à tous venants. Il ne se trouvait pas en présence d'un reporter, sans lui dire : — « Je vais décorer Zola, qu'en pensez-vous? » Si bien que tout Paris sut bientôt que le ministre allait avoir le courage extraordinaire de décorer l'auteur de l'*Assommoir*. Et celui-ci, inquiet de ce bruit qui se faisait autour d'une chose dont on n'aime pas à parler soi-même, disait en souriant : — « S'il le fait, il n'y a encore que demi-mal. Mais s'il ne le fait pas, me voilà parfaitement ridicule. »

Cependant, juillet arriva. Et M. Bardoux, qui avait sans doute distribué beaucoup d'autres promesses, ne décora pas le romancier. On raconte qu'au dernier moment, le directeur d'un journal grave, dit au ministre : — « Décorez X... Il est vieux, et n'a plus de talent; tandis que Zola a le temps d'attendre. » — Gustave Flaubert, furibond, avait écrit à M. Bardoux : « Tu es un... pas grand chose! » — Daudet, désolé, était allé trouver son ami pour lui dire combien il regrettait de l'avoir engagé involontairement dans cette sotte affaire.

Tout aurait donc été pour le mieux, si l'excellent M. Bardoux n'avait recommencé à dire plus fort que jamais « qu'il voulait décorer Zola! » Et ses conversations avec les reporters continuaient de plus belle.

Ce fut alors que Zola commença réellement à se fâcher. A cause de Flaubert et de Daudet, il n'osait rompre brutalement, malgré la grande envie qu'il en avait. D'ailleurs, Flaubert, toujours bon, toujours facile à tromper, lui jurait de nouveau que M. Bardoux brûlait du désir de « couronner son ministère » en le décorant.

Arriva janvier. Le ministre s'était tellement épanché dans le sein des reporters, que tout le monde s'attendait à voir, cette fois, le nom de Zola sur la liste. Mais la fameuse étude sur « les Romanciers contemporains, » écrite d'abord pour une revue russe, avait paru en décembre dans le *Figaro*, et tous les confrères traitaient le critique en homme indigne de faire partie de la littérature française. Si bien que, le jour où M. Bardoux proposa timidement Zola à son chef de cabinet, celui-ci répondit solennellement : — « Monsieur le ministre, ce n'est pas possible, il y va de votre portefeuille. »

Donc, une seconde fois, Zola ne fut pas décoré. Il s'y attendait du reste. Et il avala ce nouveau crapaud, avec l'habitude d'un homme qui en a avalé bien d'autres. Nouvelle fureur de Flaubert contre ce rien du tout de ministre. Nouveau désespoir de Daudet. Quand à lui, depuis cette époque, lorsqu'on parle de décoration en sa présence, il dit d'un air plaisant, en homme dont l'ambition est comblée et qui est décidé à ne plus rien accepter :

— Moi, j'ai failli être décoré par Bardoux : ça me suffit.

XI

L'HOMME

Sainte-Beuve a écrit que, lorsqu'il voulait bien connaître un écrivain, il se posait à son sujet les questions suivantes : — « Que pensait-il en religion? Comment était-il affecté du spectacle de la nature? Comment se comportait-il sur le chapitre des femmes? Sur l'article d'argent? Était-il riche, était-il pauvre? Quel était son régime, quelle était sa manière journalière de vivre? »

J'ai déjà répondu à certaines de ces questions, dans le cours de ce travail. Seulement, tous ces traits épars, notés au hasard de la rencontre, analysés isolément, je voudrais les reprendre, les recueillir pour les rapprocher, afin d'obtenir en quelques pages un portrait complet et vivant.

Voici un homme qui achève sa quarante-deuxième

année, grand, un peu gros de ceinture; il a cette finesse d'extrémités que l'on considère comme un signe de race : les pieds et les mains sont petits. Brun, le teint mat, myope mais pas au point de recourir au binocle pour lire ou pour écrire, il porte les cheveux coupés courts. Ces cheveux, restés chatain foncé, se sont seulement raréfiés au sommet du crâne, de manière à laisser voir une petite tonsure, large comme une pièce de cent sous. Au-dessous d'un front haut et perpendiculaire, un front qui, selon l'expression d'un de nos amis, M. Paul Bourget, « ressemble à une tour, » les yeux ont un regard doux et réfléchi; ce qu'il y a de plus caractéristique, dans ce visage, c'est le nez, un nez fouilleur et avisé, fendu en deux au bout, comme était, dit-on, le nez de Balzac. Les joues pleines, le bas du visage un peu court, à la fois carré et arrondi, avec la barbe taillée ras. L'ensemble rappelle assez la physionomie d'un de ces soldats romains qui conquirent le monde; le tout, solidement emmanché sur un cou puissant. En somme, nous nous trouvons en présence d'un mâle solide et râblé, d'un gaillard ayant un fond de beau sang latin coupé par le croisement, troublé par des sensibilités nerveuses. Voilà pour le physique.

Né d'un Italien et d'une Française, — grandi dans le midi de la France, au plein air, librement, gâté par sa mère qui lui laissait la bride sur le cou, — puis, venu à Paris vers sa dix-huitième année et y connaissant brusquement la misère noire, — forcé alors de travailler pour soutenir les siens, — enfin arrivant au bout d'une longue lutte à la situation qu'il occupe aujourd'hui : telle est, en une phrase, toute l'histoire de cet homme.

Cette phrase, il faut la reprendre et en creuser chacun des termes, afin d'y marquer au passage la façon d'être de l'homme. En me livrant à cette recherche, je n'aurai fait qu'une application du système de M. Taine. Un homme est fatalement le produit d'un tempérament particulier, héréditaire, se développant dans un certain milieu physique, intellectuel et moral, qui se trouve modifié lui-même par diverses circonstances historiques.

« Né d'un Italien et d'une Française » — voir chapitre I — : ceci est d'abord la part de l'hérédité. C'est à la naissance spéciale d'Émile Zola qu'il faut remonter, non seulement pour comprendre en lui l'homme physique, mais pour se faire une idée juste de son tempérament intellectuel et moral, je veux dire de son originalité artistique. Ce croisement contient l'explication de son « emballement » de latin, compensé par la logique claire et matoise de l'Ile de France. Tout un jour est jeté sur l'œuvre de l'auteur des *Rougon-Macquart*, — jusque sur sa méthode de travail. De la symétrie et du bon sens dans la passion : voilà l'écrivain tout entier.

« Grandi dans le midi de la France, au plein air, librement, gâté par sa mère qui lui laissait la bride sur le cou » — voir chapitre II — : ceci est le milieu où pousse d'abord d'une certaine façon cette plante humaine, vouée par l'hérédité à diverses dispositions. Le milieu physique lui donne, au sortir du berceau, son grand amour de la campagne; quinze années d'enfance et de première jeunesse, passées sous un beau ciel, jouant à sa guise dans des jardins, puis, plus tard, faisant de grandes promenades avec ses camarades, tout cela le met en contact direct avec la nature, lui inspire une large tendresse pour elle. Le milieu moral, c'est-à-dire l'organisation particulière de sa famille, le mêle de bonne heure aux détails du ménage, l'initie à l'apprentissage des choses, lui ouvre tout de suite les yeux sur le positif de la vie. En outre, il a la chance rare de se développer dans une atmosphère de liberté intellectuelle. Pas d'entraves! Promenades, lectures, jeux et travaux : tout lui est permis. L'enfant s'élève seul, et, par suite sans doute d'heureuses dispositions natives, il n'abuse pas de cette liberté. Son caractère se forme de lui-même, arrive très vite à la raison et à l'équilibre. Ni vices de nature, ni vices contractés. En peu d'années, il se fait sa sagesse. Plus tard, il restera libre d'esprit, agira méthodiquement, deviendra un régulier.

« Puis, venu à Paris vers sa dix-huitième année et y connaissant brusquement la misère noire » — voir chapitres III et IV — : ceci est la circonstance historique, qui modifie le milieu et agit de la sorte sur le tempérament héréditaire, c'est-à-dire complète la formation de l'homme et décide de sa carrière. A Paris, en effet, le jeune homme tombe au milieu de la ruine définitive des siens. Il n'a plus alors que sa mère, réduite à la gêne, et son grand-père, qu'il perdit en 1862. Il sent tout craquer autour de lui. Même la déveine s'acharne et lui fait manquer son baccalauréat. Eh bien! cette crise, dont tant d'autres, mal armés pour la vie, n'auraient pu sortir, lui, préservé par sa force de résistance native et par le bénéfice d'une éducation libre sous un riche climat, non seulement il la traverse et la domine, mais il y prend à coup sûr des vigueurs nouvelles, il achève de s'y tremper pour le grand combat littéraire.

Enfin, « forcé de travailler pour soutenir les siens et arrivant au bout d'une longue lutte à la situation qu'il occupe aujourd'hui » — : ceci est l'application des facultés de l'homme. Le caractère de la lutte livrée par lui est, au commencement, d'être une lutte pour le pain. Au rebours de ceux qui débutent avec de la fortune — de Flaubert par exemple — il n'a pas le loisir de composer le livre mûri, mais tardif, où ils se mettent tout entier — comme *Madame Bovary;* et il doit se jeter, tout de suite, à corps perdu, dans la mêlée du journalisme quotidien, acceptant toutes les besognes pour manger, faisant de la bibliographie, de la critique d'art, de la chronique, descendant même jusqu'aux comptes rendus de la Chambre et aux correspondances dans des feuilles de province, bâclant au jour le jour des feuilletons commandés sur mesure, prêt, en un mot, à faire tout ce qui concernait le métier — voir chapitre V. — Dès ce moment, il vit de sa plume et se trouverait à l'abri, s'il n'avait pas à se débattre contre un passé endetté. Le pis est qu'il est pris dans un engrenage, exposé à des promiscuités dangereuses pour les faibles. Mais lui saura se dégager. Il apporte, à travers ces besognes, la préoccupation de ses idées personnelles, qui, à l'occasion du Salon de 1866, font déjà un scandale, indice de vitalité, présage des tempêtes futures. Plus tard, lorsque sa vie matérielle est assurée, il continue à se battre pour le triomphe de ses idées, exerce la même volonté et la même puissance de travail dans les champs du roman — chapitre VI, — du théâtre — chapitre VII, — et de la critique — chapitre VIII. — Telle est son histoire entière. Grâce à son énergie, la lutte pour le pain est depuis longtemps terminée. Mais, aujourd'hui encore, la lutte continue, pour l'idée désormais. Et, même, une modification importante s'est produite. Le critique ayant dit son mot, va se taire, afin de laisser uniquement la parole au créateur, c'est-à-dire au romancier et à l'auteur dramatique.

Maintenant que j'ai présenté Émile Zola, et dans son portrait, et dans les phases principales de sa vie, j'arrive à l'examen de ses façons d'être intellectuelles et morales.

La volonté d'abord, ce « tout de l'homme, » d'après certains philosophes? Zola est-il doué d'une dose héroïque de volonté? Pour des esprits superficiels, la question semblerait oiseuse, en présence des résultats qu'il a obtenus par vingt ans d'efforts. Eh bien! je dois dire que j'ai remarqué maintes fois son grand étonnement, lorsqu'on lui parle de sa volonté. Au fond, dans la vie ordinaire, il se sent très faible, et il cède presque toujours, sans doute par amour de la paix. Toute sa volonté littéraire, explique-t-il souvent, a été au début la nécessité de faire vivre les siens, nécessité combinée, il est vrai, avec une grande émulation.

Par exemple, autant il se montre doux et conciliant dans la vie, autant dans les choses de l'esprit il a toujours été ambitieux et dominateur. Au collège et dans la littérature, un besoin natif d'être premier! Discute-t-il avec quelqu'un dans l'ordre purement spéculatif, il se rendra difficilement, et pas sur le moment encore. Il lui sera très pénible de ne pas avoir raison. L'émulation reste chez lui si enracinée, qu'elle se manifeste même dans les circonstances les plus insignifiantes. Ainsi, il m'est arrivé de jouer avec lui aux échecs et de le battre. Il avoue que, sur le moment, cela l'ennuie autant que si on lui refusait tout talent littéraire.

Lorsqu'on est ainsi bâti et qu'on se passionne pour si peu, jugez de quel ressort on doit être doué, en présence des choses sérieuses. Chez lui, c'est donc une flamme intellectuelle sans cesse allumée, une foi qui le jette en avant, le pousse à se prodiguer pour tenter de convaincre les autres. De là, ses dons exceptionnels de polémiste, toute une face de sa personnalité. La passion appelle la passion, certes. Aussi se fait-il écouter. S'il ne convainc pas toujours la foule, ses démonstrations ont au moins pour résultat de la secouer, et l'on voit brusquement s'allumer, ainsi qu'une traînée de poudre, un de ces grands scandales artistiques, littéraires, ou même politiques, comme les discuteurs à froid, les coupeurs de cheveux en quatre, ne sauraient en susciter. Homme de foi et esprit chaud, il est même un peu prêtre. Tout positiviste qu'il se dise, il a, du prêtre, une certaine gravité douce, une affabilité tendre, surtout une inguérissable mélancolie, résultant, à certaines heures, de la conscience du néant de tout. Le corps, avec cela, alourdi par le manque d'exercice, d'une sensibilité nerveuse, maladive, le prédispose à l'hypocondrie. La foi ardente dont j'ai parlé ne flambe chez lui qu'aux heures du travail et dans ses discussions avec des amis. Mais les rouages de son esprit cessent-ils de fonctionner, c'est le doute : voici le néant et la mort ! Reste-t-il deux jours sans travailler ? c'est une âme en peine. Huit jours ? il tomberait malade.

Lorsque le travail intellectuel vous est devenu à ce point nécessaire, lorsque la vie arrive ainsi peu à peu à se concentrer autour d'un point unique, il n'est pas étonnant qu'un déséquilibrement se produise. Toutes les autres fonctions se font encore, par habitude, mais à la diable. Examinons par exemple « le chapitre des femmes.» Comment, à l'égard des femmes, se comportera ce grand travailleur? Les aimera-t-il? Perdra-t-il des heures et des journées à leur dire des galanteries, même à les faire seulement causer, en se mettant à leur portée? Se complaira-t-il au milieu des jupes? Évidemment non! Pas plus que ne l'était Gustave Flaubert, Zola n'est un féminin. Il est à coup sûr un chaste. Je lui ai toujours connu des amis, jamais de maîtresse. C'est un parfait mari, d'une conduite exemplaire.

— Grand dieu! lui ai-je entendu dire en riant, une autre femme que la mienne!... C'est ça qui me ferait perdre du temps!

Discute-t-on devant lui le plus ou le moins de beauté d'une femme, il se montre d'un goût difficile et porte des jugements sévères. A l'égard de l'intelligence féminine, sa sévérité tourne au mépris. D'ailleurs, il ne faudrait pas se laisser prendre à cette attitude. Lorsqu'il s'agit des femmes les plus grandes contradictions sont admissibles. Et tel paraît ne pas en faire cas, qui ne fait que les aimer secrètement et les craindre.

De même qu'il n'est pas « un féminin, » Zola n'est pas un mondain. Un fond de timidité naturelle l'empêchera de briller dans un salon. Non qu'il ait plus de difficulté à parler qu'un autre; mais, devant des inconnus ou des indifférents, il ne se livre pas. Aussi ne cause-t-il bien qu'entre amis, lorsqu'il se passionne. Devant des figures qui ne lui sont pas familières ou qui ne lui reviendront pas, il ne lâchera que quelques phrases brèves, tranchantes, n'arrondissant pas les angles, laissant voir aux imbéciles qu'il les juge comme tels. Quand on a cet excès de franchise, on passe pour un ours. Mieux vaut dès lors ne pas se déranger, rester en pantoufles au coin de son feu, au milieu d'un petit cercle d'intimes, devant lesquels, sans chercher à briller, on pourra tout dire. C'est ce qu'il fait la plupart du temps. Alors, il est vraiment lui-même : affectueux, modeste, s'intéressant à vous, sachant écouter, faire cas de votre pensée, vous laissant aussi pénétrer aux plus intimes replis de la sienne, sincère par conséquent, enfin réellement sympathique, indulgent, de bon conseil, très sûr. On ne le connaît sous son vrai jour, que si on le voit dans l'intimité. Et il n'a d'ennemis, certainement, que parmi ceux qui ne le connaissent pas.

Zola est donc absolument l'opposé de ces comédiens de sentiment comme j'en connais : tout miel et tout sucre devant les inconnus, tout séduction pour les gens qui les voient la première fois, et foncièrement durs, faux et mauvais, martyrisant leur entourage. Peu liant au contraire, effaré en public, ombrageux et gardant une réserve hautaine à l'égard des indifférents, il évitera les cohues, aussi bien celles des salons que celles de la rue, il fuira le vacarme inutile. Je ne le vois ni tenant le crachoir dans un cercle, ni faisant une conférence devant une salle payante, ni pérorant dans un club. Une propagande personnelle lui serait insupportable. Il n'est pas du tout cabotin, pas seulement assez pour devenir jamais un homme politique. L'été, va-t-il passer quelques semaines au bord de l'Océan, il ne choisit jamais Dieppe ni Trouville, mais la plus ignorée, la plus déserte des stations balnéaires. Plus il deviendra célèbre, plus il évitera la foule, pour échapper aux regards braqués sur lui.

— Je ne suis vraiment moi, je n'ai toute la possession de mes moyens, dit-il parfois, qu'ici, dans mon cabinet, seul devant ma table de travail.

Un homme fuyant ainsi la foule, peut-il être orgueilleux? Oui et non. Il y a orgueil et orgueil. Certes, le passionné, le croyant, l'homme de foi un peu prêtre, dont je viens de reconnaître l'ambition et le besoin de domination dans l'ordre intellectuel, est un orgueilleux, si l'on entend par orgueil la légitime fierté de l'intelligence, le désir même de tout comprendre, la noblesse de chercher à monter haut, enfin l'instinctif dédain de l'imbécillité. Mais dans le sens étroit et mesquin du mot, si par orgueil on entend vanité, Émile Zola n'est nullement orgueilleux. Il a, au contraire, le sens critique trop développé, pour ne pas être modeste. Avoir le sens critique développé, c'est y voir clair aussi bien en soi qu'en autrui ; c'est avoir le perpétuel sentiment de l'imperfection de ses facultés et du néant de l'homme. Heureux les artistes créateurs, qui ne sont pas affligés du sens critique ! Ceux-là au moins peuvent s'illusionner sur leur puissance, vivre dans un continuel éblouissement d'eux-mêmes, jouir vraiment de leur œuvre, qu'ils trouvent plus belle à mesure qu'ils la contemplent. C'est Courbet en extase devant une de ses toiles, un sourire de contentement aux lèvres, et se répétant à lui-même : « C'est comique ! c'est comique ! » Ce sont les grands lyriques, croyant que Dieu parle par leur bouche, se posant en prophètes dont les chants sublimes annoncent l'avenir. Tandis que celui dont je parle n'est, en comparaison de ces robustes illuminés, qu'un malheureux douteur, doutant de lui plus encore que des autres, se martyrisant sans cesse, ne pouvant même se relire. Une œuvre faite est, pour lui, une œuvre qui n'existe plus. Très rarement content des trois ou quatre pages qu'il produit chaque jour, se rendant malade plus tard et tenté de tout refaire lorsqu'il les revoit en épreuves, il jette le livre de côté dès qu'il est paru. Il aurait trop peur, s'il s'amusait à le relire, d'y découvrir à chaque ligne des abîmes d'erreur et de faiblesse. Dès lors, préférant ne plus y penser et reporter toute sa passion en avant, vers l'œuvre future, il ne vit que pour celle-ci, se bat les flancs pour croire qu'enfin il s'y con-

18

tentera, reste tiraillé par l'espérance et le doute, jusqu'au jour où, son plan terminé, attiré par un nouveau mirage de force et de logique, il se met en marche, sans regarder en arrière.

Dans ces moments là, je l'ai entendu bien des fois répéter :

— Il me semble que je suis toujours un débutant. J'oublie les vingt volumes que j'ai derrière moi, et je tremble, en me demandant ce que vaudra mon prochain roman.

Donc, orgueilleux, au sens élevé du mot; ambitieux et dominateur dans le champ des idées, mais modeste par réflexion; aimant à se tenir chez lui, se plaisant peu dans les salons, n'y goûtant aucune satisfaction d'amour-propre, n'y jouissant point de la célébrité; peu troublé par les femmes, dédaigneux de l'argent, bien qu'en ayant longtemps manqué; travailleur assidu sans être acharné, méthodique, simplifiant la besogne, ne faisant que le strict nécessaire mais le faisant, et subordonnant tout à sa tâche quotidienne; sans grande volonté d'ailleurs dans la vie, doux et indifférent au contraire; en religion et en philosophie, positiviste, peu préoccupé des questions métaphysiques dont la solution ne tombe pas actuellement sous nos instruments d'analyse, mais croyant au progrès et tourmenté par des désirs d'absolu dont l'irréalisation se tourne en tristesse noire; en critique, très clairvoyant pour lui et pour les autres, sévère alors pour les autres, mais encore plus rigoureux pour lui; du reste, comme chacun, plein de contrastes, d'imprévu, d'inconséquences et de faiblesses, dont il convient parfaitement lui-même : — tels sont les traits principaux de sa physionomie intellectuelle et morale.

Aujourd'hui que le succès est venu, il ne travaille plus sous l'aiguillon de la nécessité. Avec ce qu'il a gagné et avec le produit de ses livres actuellement en librairie, lui et sa femme, sans enfants, auraient de quoi vivre tranquillement jusqu'à la fin de leurs jours. Mais si la lutte pour le pain se trouve ainsi terminée, le pli du travail est bien pris. L'habitude d'une production littéraire quotidienne est devenue pour lui un besoin, comme une seconde nature. La machine est montée, il n'y a plus de danger qu'elle s'arrête. D'autres mobiles, tout aussi impérieux, sont là, pour lui dire chaque matin : « Prends ta plume! »

C'est même afin de travailler dans une paix plus grande, qu'il passe maintenant huit mois de l'année à Médan. Il a réuni là ses notes, ses plans, ses papiers de tout genre; en un mot, il y a installé sa véritable résidence littéraire permanente. Un séjour de quatre mois à Paris, chaque hiver, lui suffit amplement, pour se mêler de plus près à la vie générale. D'ailleurs, à Paris, son existence sédentaire et laborieuse ne se trouve pas sensiblement changée. Les mêmes personnes qui le visitent à la campagne, vont le voir rue de Boulogne. Les heures des repas, celles du coucher et du lever, varient peu. Le matin également, il travaille. Le soir, il ne va qu'exceptionnellement au théâtre ou dans le monde.

En somme, ni l'argent, ni le succès, ni la célébrité, ne l'ont changé. Et je puis le certifier, moi qui le connais depuis douze ans, moi qui l'ai vu jadis pauvre, endetté, encore obscur ! Je le retrouve toujours le même homme, et je constate que la bonne fortune ne l'a nullement gâté. Il n'est pas un de ces triomphateurs insupportables, infatués d'eux-mêmes, durs au pauvre monde, étalant complaisamment les résultats de leur réussite ou les mérites de leur personnalité. Sa vie, insensiblement, a pu devenir plus large et plus assurée, mais rien n'a été pour cela modifié dans son humeur, ni dans son caractère, ni dans ses goûts.

Au contraire, ce succès, qui a été long a se dessiner, mais qui s'est alors accusé formidable, loin d'en avoir plein la bouche, lorsqu'il cause avec vous, il en perd très souvent conscience. Je veux dire que, non seulement il n'en exagère pas la portée, mais qu'il est toujours obligé de se livrer à une certaine opération d'esprit pour « se rappeler » qu'il est arrivé, dans la carrière littéraire, à une situation des plus enviables. Son premier mouvement est tout autre : pessimiste, porté à voir les choses en noir, il croira sans cesse qu'il n'a rien fait, que tout va pour lui de mal en pis, qu'il est le plus infortuné des hommes. Ce n'est donc que par réflexion qu'il revient au sentiment juste de la réalité. Son état ordinaire consiste à frissonner d'anxiété et à rester sur le qui-vive. Disposition d'esprit qui, certes, l'empêche de jouir de la renommée, mais qui l'excite au travail autant qu'autrefois.

En tenant compte de tout, malgré sa situation, jeune encore, riche, discuté, injurié, mais célèbre, il n'est pas un homme heureux; et les milliers de gens qui, de loin, doivent envier son sort, ne savent ce qu'ils envient. Cet argent qui lui afflue de tous côtés, après lui avoir si longtemps manqué, ne lui procure d'autre joie que la courte satisfaction d'être dépensé à des fantaisies. Bien portant, il se croit malade. Auteur de livres qui sont dans toutes les mains, il ne peut se relire lui-même. Arrivé, il a la continuelle sensation d'être un débutant. Célèbre, il se met chaque matin devant sa table avec l'appréhension de ne plus pouvoir écrire deux lignes. Doutant sans cesse de lui, se traitant d'idiot à chaque minute, voilà que la bêtise d'autrui le fait bondir. Nerveux et impressionnable, éprouvant plus douloureusement qu'un autre s'il exprime plus fortement, il ne connaît pas la tranquillité. Il ne jouit de rien : toujours l'idée fixe, aucun dilettantisme. On raconte que Delacroix, à son lit de mort, pensant à ce qu'il avait souffert dans sa longue carrière, disait : « Je meurs enragé ! » Eh bien ! Émile Zola, lui, vit comme Delacroix mourut : enragé ! Enragé, dit-on, contre les autres ; enragé bien davantage contre lui-même.

Avec cela, n'oubliez pas qu'il est plein de méthode, de bon sens et de perspicacité. Cette rage de la littérature, elle occupe continuellement sa pensée, elle revient au fond de toutes ses préoccupations, elle le rend malade, lorsqu'un des mille accidents de l'existence le dérange tout à coup et lui mange son temps à l'improviste ; mais il se contient assez pour l'organiser, la soumettre à des heures fixes et l'utiliser adroitement. Tâchez de concilier le tout et efforcez-vous de concevoir un révolté raisonnable, un désespéré qui serait résigné, un monomane qui connaîtrait à fond son mal et en tirerait parti avec sagesse : tel est Émile Zola !

Le terme qui le caractériserait, je crois, le plus justement et sans prétention, serait celui-ci : un spécialiste. Oui, Zola est un spécialiste. Sa vie entière, ses facultés y compris qualités et défauts, tout en lui concourt au même but. Tout est utilisé, sans déchet aucun, pour la littérature.

Ses défauts ? il en a certes, n'étant en somme ni meilleur ni pire qu'un autre ; il en a de considérables, comme tout homme qui possède de très grandes qualités ; mais la vérité me force à reconnaître que ses défauts ne sont pas du tout ceux qu'un vain peuple pense ou qu'une certaine critique lui reproche.

On constaterait en lui, comme en la plupart de ceux qui consacrent leur vie à une seule idée, les inconvénients spéciaux qui résultent d'une tension trop grande et d'une concentration excessive. Ceux-là sont portés à se faire le centre de tout ; les arts à côté, les connaissances en dehors de leur cercle personnel, ils seront enclins à les dédaigner et à ne pas tenir suffisamment compte du mérite de ceux qui y ont excellé. Même dans leur domaine spécial, les jugements qu'ils rendront, seront trop passionnés pour ne pas être entachés d'une certaine sévérité. Hommes de combat, polémistes, ils seront moins justes que les « lettrés » proprement dits, prêts à tout accepter dans leur éclectisme, mais ayant, eux aussi, leur écueil : l'indifférence !

D'un autre côté, dans la pratique de la vie, Zola, habitué à ne compter que sur lui-même et ayant une juste confiance en ses propres forces, sera porté par contre-coup à se méfier d'autrui et à ne croire bien fait que ce qui aura été fait par lui. Voici, par exemple, un détail insignifiant, mais des plus révélateurs. Il n'a jamais eu de secrétaire et je ne pense pas qu'il en ait jamais, malgré le flot toujours montant d'une correspondance considérable, malgré toutes sortes de recherches, de courses, de notes à prendre, dont à aucun prix il ne se déchargerait sur autrui.

Autre remarque. Très perfectible, fort capable de se corriger, de se retourner à la longue avec souplesse et de déployer des qualités toutes nouvelles qu'il ne possédait jusque-là qu'en germe, Zola n'aimera pas qu'on lui démontre une erreur momentanée. Non pas, certes, qu'il ne supporte point la critique; mais, très entier dans ses opinions, dominateur comme je l'ai dit, il se cramponnera à sa manière de voir, ne s'avouera jamais battu et s'efforcera passionnément de vous prouver qu'il a raison. En somme, tout en n'affichant aucune prétention tyrannique, tout en restant un charmant camarade qui vous traite d'égal à égal, tout en étant très capable de se tromper et d'en convenir, plus tard, quand le temps et la réflexion l'auront éclairé, il changera difficilement d'avis tout de suite et serait même, sur le moment, très malheureux, si quelqu'un arrivait par extraordinaire à le convaincre d'erreur. Esprit de dictature intellectuelle, formant un curieux contraste avec son accommodante bonhomie, avec son manque de volonté dans les actes quotidiens de la vie.

Sont-ce là des défauts véritables? je l'ignore et m'en préoccupe peu. Ayant beaucoup approché Zola, et pendant des années, je n'ai fait que consigner ici, une à une, mes observations, m'efforçant de ne pas plus conclure en notant ses divers traits de caractère, que je n'ai jugé son talent en racontant l'histoire de ses œuvres. Cette partie de mon travail n'étant pas devenue plus que les autres un panégyrique ou un réquisitoire, me voici arrivé au bout de mon analyse, et je crois être resté un chimiste, prêt à tenir aussi bien compte de l'oxygène que de l'azote dans la constitution d'un corps.

XII

LA CRITIQUE ET LE PUBLIC

J'arrive à l'attitude de la critique et du public devant Émile Zola.

Parlons une dernière fois de cette réclame que la malveillance et l'envie l'accusent de rechercher. Comme je l'ai dit, elle s'est produite d'elle-même, à la suite de son attitude de porte-drapeau d'un groupe. Ce n'est jamais lui qui fait le vacarme; ce sont les autres qui, avec leur entêtement, ne veulent pas comprendre et préfèrent crier au scandale. Voilà quels sont les vrais bateleurs, tapant de la grosse caisse devant la baraque de leurs journaux, pour amuser le monde et faire pleuvoir les gros sous. Quant à lui, dans la retraite profonde où il vit, il est le premier étonné, chaque fois qu'un de ces tumultes imbéciles l'oblige brusquement à s'interrompre au milieu de son labeur, et à prêter l'oreille.

— Mais qu'ont-ils donc à crier comme ça? dit-il alors.

Ces journées-là, parfois, sont amères. Il est pris du dégoût des hommes. Même sa passion unique, la littérature, lui paraît vide. Les phrases, dans le cerveau, ne se dévident pas comme à l'habitude ; il se produit à chaque instant des nœuds qui obligent le cordier à s'arrêter, sous peine de casser net le chanvre de la pensée. Pourtant, des tentations lui viennent de confondre les insulteurs. Mais à quoi bon? Ce serait prolonger inutilement le vacarme. Mieux vaut ne pas céder à ses nerfs. Aujourd'hui qu'il a quitté la presse, il s'est même juré de ne jamais répondre. D'ailleurs, quinze années d'éreintement l'ont bronzé, il est rare qu'un article le touche, et il finit par se remettre au travail, avec sérénité, après avoir jeté au grenier les journaux qui le couvrent de boue.

A Médan, dans un cabinet spécial attenant à la bibliothèque, sur de grandes planches, il collectionne tout ce qu'on dit de lui. Éloges, critiques, calomnies, outrages, plaisanteries et bons mots de certains boulevardiers, âneries, tout se trouve entassé par énormes paquets ficelés. Cela dort, en attendant que quelqu'un s'amuse au travail considérable d'un classement définitif. Parfois, il a l'idée de jouer un bon tour à la critique. Lui que tant de plumitifs injurient, en l'accusant d'être violent, il

n'aurait qu'à couper des extraits dans leurs articles ;
et ces échantillons de l'urbanité de la presse, datés
et signés du nom des auteurs, composeraient un fort
volume, intitulé « *Leurs Injures,* » le tout précédé
d'une préface calme. Aurait-il de quoi composer un
autre volume, avec les jugements de bonne foi, avec
les pages justes, écrites sur lui? J'en doute et je
m'imagine, en tout cas, que cet autre volume serait
bien mince. C'est à se demander si nous possédons,
à l'heure qu'il est, une critique sérieuse.

Quel a donc été, jusqu'à présent, l'accueil fait à
Zola par la critique contemporaine? Nous avons
plusieurs couches de critiques. On peut classer en
quelques groupes principaux, ceux qui sont censés
examiner avec désintéressement les œuvres et porter
sur elles des jugements motivés. Passons en revue
ces différents groupes, en signalant la façon dont
s'est comporté chacun d'eux devant Zola.

Au sommet, se trouve la critique dite scientifique,
élite peu nombreuse, comptant une ou deux personnalités hors ligne. Mais, le plus remarquable
représentant de cette critique semble s'être désintéressé de notre temps, pour se consacrer exclusivement à l'étude du passé. A l'égard de la littérature contemporaine, de Zola en particulier et de ses
théories naturalistes, il ne se prononce pas, garde
un silence prudent. Est-ce de l'indifférence? N'est-ce
que l'attente et la réserve momentanée d'une sage
circonspection? Je l'ignore. Je me contente de con-

stater le fait; et je suis d'ailleurs convaincu que, si les représentants actuels de la critique scientifique se taisent pour une raison ou pour une autre, cette critique sera demain continuée par des intelligences plus hardies, qui feront la vérité sur notre situation littéraire.

En descendant, voici la critique normalienne. Ce sont des esprits cultivés, qui ont de l'acquis. Mais « l'école » leur a laissé une marque indélébile, comme un pli ineffaçable de pédanterie et de médiocrité. Seulement, leur médiocrité a du brillant, et ils se tiennent des coudes. Ceux-ci, par exemple, se sont énormément occupés de Zola. Ils l'ont tour à tour découvert, nié, discuté, applaudi avec des restrictions, se sont convertis à lui quand le succès est venu de l'étranger, puis ont tenté de le démolir quand ce succès est devenu énorme en France. Et, tout le temps, aussi bien dans leurs engouements que dans leurs injustices, dans leurs acceptations timides que dans leurs restrictions alambiquées, ils ne se sont montrés que des professeurs, jugeant avec l'étroitesse d'une critique pédagogique. Pas un ne s'est élevé à une vue d'ensemble, à quelque chose de précis, de net, de complet, à une synthèse de haut vol.

Plus bas encore, nous arrivons aux critiques dogmatiques, républicains pour la plupart. Après les médiocres brillants, les médiocres ternes. A la queue des pions sortis de la rhétorique, voici les nullités qui ont versé dans la politique, les ratés qui ont fait de la République leur carrière. Ceux-ci, profondément indifférents aux choses de l'esprit, songeant toujours à chauffer leurs candidatures, ne mettent le pied dans les lettres que lorsqu'ils espèrent y récolter quelques voix d'électeurs. Zola leur a toujours paru encombrant et dangereux. Lors de ses débuts pourtant, certains le louaient, sans le comprendre. Plus tard, ils se sont mis à l'éreinter et, à propos de l'*Assommoir*, l'ont accusé « de calomnier le peuple. » Malice électorale cousue de fil blanc !

Au même niveau, parfois avec plus de talent d'écriture, mais avec aussi peu d'analyse et d'impartialité, la critique catholico-romantique, a constamment traîné Zola dans la boue. Elle l'a combattu, naturellement, avec ses procédés en retard qui sont la négation de toute critique, remplaçant le raisonnement par des phrases à panaches, croyant pourfendre l'ennemi moderne avec de vieilles hallebardes sorties du magasin des accessoires, espérant l'envoûter par des maléfices de sorcellerie.

Enfin, toujours plus bas, sans autorité, sans érudition, sans littérature, certains amuseurs du boulevard, les plaisantins de la chronique légère, s'en sont donné à cœur joie sur le compte de Zola, faisant de l'esprit à contretemps sur des choses sérieuses, répondant à un beau livre par un pied de nez, se dérobant à une polémique puissante par une pirouette, ressassant éternellement les mêmes plaisanteries lourdes : calembredaines de l'heure de l'absinthe qui passent pour de l'esprit français. Ils ont travesti ses intentions les plus droites, se sont efforcés de le ravaler à leur niveau, lui ont prêté leurs propres calculs, l'ont accusé de ne chercher aussi que l'argent et de spéculer sur la dépravation des mœurs, comme eux spéculent sur celle du sens commun et de l'esprit.

Mais ne tenons pas compte de la haute voltige de ces célébrités, qui n'existent que de l'angle de la rue Drouot à la place de l'Opéra. Si l'on fait le relevé des jugements portés sur l'œuvre d'Émile Zola par les divers groupes de notre critique contemporaine, on constate, en résumé, beaucoup de malveillance, mais peu d'études consciencieuses. C'est moins contre la sévérité des conclusions que je m'élève, que contre la légèreté de l'analyse. Volontairement ou non, par mauvaise foi, par cécité naturelle ou par paresse, on dirait que ceux qui ont écrit sur lui, l'ont à peine feuilleté et même ne l'ont jamais lu. Certes, il faut du travail ! Ce n'est pas une petite affaire que de prendre connaissance dans son entier d'un écrivain qui a entassé volumes sur volumes ; que de suivre pas à pas les développements de sa pensée ; que de noter au passage s'il a toujours été conséquent avec lui-même ; que de savoir d'où il vient et où il va, quels sont ses ancêtres intellectuels; enfin que de ne pas le prendre isolé, mais baigné en quelque sorte dans l'air ambiant d'une époque, de façon à pouvoir le comparer aux contemporains et à délimiter avec quelque justice la place qu'il occupe. Voilà ce que j'attends d'une critique vraiment digne de ce nom. Je crois avoir lu tout ce qui a été écrit en France sur l'auteur des *Rougon-Macquart,* et je serais fort embarrassé pour signaler une seule étude de quelque importance, aux conclusions sévères, soit! mais conçue au moins dans cet esprit d'enquête sérieuse. Pourtant, quels flots d'encre déjà répandus! Informations superficielles du reportage! Lourdes pasquinades et ineptes calomnies de la chronique légère! Puis, toutes les pauvretés essoufflées de la critique courante : coups de goupillon et coups de hallebarde des catholico-romantiques, accusations intéressées des politiciens, brillante médiocrité des normaliens! Enfin, au sommet, le silence obstiné de la haute critique scientifique et son désintéressement de la littérature contemporaine! C'est pourquoi je conclus que nous n'avons pas actuellement de critique en France.

Tout ce qui précède est pour la France. Passons la frontière. Quelle est l'attitude de la critique étrangère envers cet écrivain français, si malmené par ses compatriotes? Le juge-t-elle avec plus de partialité et de rigueur? Au contraire. De grandes études patientes, approfondies, lui ont été consacrées un peu partout : en Italie, en Russie, en Allemagne. En Russie, notamment, une de ces études a pris la proportion d'un gros volume. En Italie, je connais plus de quinze brochures ou volumes qui lui sont consacrés. Des journaux s'occupent continuellement de lui. Les discussions sur « il verismo » ont presque créé une littérature italienne nouvelle. Outre M. de Amicis, dont les remarquables études nous sont revenues traduites en français, un homme politique considérable, M. de Sanctis, qui a été ministre de l'instruction publique, a écrit de grandes études et même fait des conférences à Naples sur l'auteur des *Rougon-Macquart*. Voyez-vous, en France, M. Jules Simon ou M. Jules Ferry en faire autant? Ce serait des gorges chaudes. En Italie, personne n'a manifesté le moindre étonnement. L'Espagne, d'abord en retard, se met à suivre l'Italie. L'Angleterre, il est vrai, par des raisons de puritanisme, goûte peu Zola jusqu'ici, ne le lit guère et ne paraît pas en avoir une idée nette, bien qu'une adaptation de l'*Assommoir*, sous le titre de *Drink*, ait été jouée cinq cents fois à Londres, autant dans les provinces : total mille représentations. En Amérique, je suis mal renseigné ; j'ignore les appréciations de la presse, mais je sais, qu'un éditeur de Philadelphie a vendu cent mille exemplaires de *Nana* traduite, vente sur laquelle l'auteur n'a pas d'ailleurs touché un sou de droits. A la Haye, M. Jan Ten Brink, professeur à l'Université, a publié un compact in-octavo sur Zola et le naturalisme. La docte Allemagne n'est pas restée en arrière, et a produit également de longues études. Tout cela plus juste, mieux équilibré, autrement sérieux qu'en France, même lorsqu'on y combat le romancier. De sorte que, si nous comparons l'attitude de notre critique à celle des critiques voisines, il faut bien reconnaître que nous ne brillons pas. Et, d'ailleurs, cela s'explique : l'éloignement dans lequel la critique étrangère porte ses jugements, ne supplée-t-il pas jusqu'à un certain point au recul des années, qui permet à la postérité de mieux voir l'ensemble des hommes et des œuvres. Racine dit dans la seconde préface de *Bajazet :* « L'éloignement des pays répare en quelque sorte la trop grande proximité des temps : car le peuple ne met guère de différence entre ce qui est, si j'ose parler ainsi, à mille ans de lui, et ce qui en est à mille lieues. » Ce que Racine disait de l'opinion du peuple sur les personnages de tragédie, peut s'appliquer avec non moins de vérité aux opinions de la critique sur les auteurs eux-mêmes. Oui, en critique aussi, l'éloignement des pays répare la proximité des temps ; de sorte que les jugements de l'étranger, bien entendu en prenant l'ensemble et en tenant compte du tempérament particulier de chaque nation, contiennent une sorte d'avant-goût des jugements de la postérité.

Je viens de citer Racine. Lui-même, le doux, le tendre Racine, comme tous les écrivains originaux, hardis et vraiment forts, eut à se plaindre de la critique de son temps. Il faut relire les préfaces de ses pièces. Comme on le sent souffrir, à chaque ligne, de l'animosité de ses détracteurs ! Écoutez-le, par exemple, vidant son cœur dans la préface de *Bérénice*, où il prend à partie le libelle — lisez « la chronique » — d'un certain abbé de Villars, disent les commentateurs, qui avait éreinté sa pièce : — « Et que répondrai-je à un homme qui ne pense rien et qui ne sait même pas construire ce qu'il pense?... Je lui pardonne de ne pas savoir les règles du théâtre, puisque, heureusement pour le public, il ne s'applique pas à ce genre d'écrit. Ce que je ne lui pardonne pas, c'est de savoir si peu les règles de la bonne plaisanterie, lui qui ne veut pas dire un mot sans plaisanter. Croit-il beaucoup réjouir les honnêtes gens par ces « hélas de poche, » ces « mesdemoiselles mes règles » et quantité d'autres basses affectations qu'il trouvera condamnées dans tous les bons auteurs, s'il se mêle jamais de les lire?... Toutes ces critiques sont le partage de quatre ou cinq petits auteurs infortunés, qui n'ont jamais pu par eux-mêmes exciter la curiosité du public. Ils attendent toujours l'occasion de quelque ouvrage qui réussisse, pour l'attaquer, non par jalousie, car sur quel fondement seraient-ils jaloux? mais dans l'espérance qu'on se donnera la peine de leur répondre, et qu'on les tirera de l'obscurité où leurs propres ouvrages les auraient laissés toute leur vie. »

Aujourd'hui, grâce au journalisme, les « abbés de Villars » de notre époque ne sont plus si obscurs. Ils font même un vacarme de tous les diables et tiennent toute la largeur du macadam, entre le Vaudeville et le faubourg Montmartre. Mais, tout comme au temps de Racine, « ils ne veulent pas dire un mot sans plaisanter, » et leurs « basses affections » — aujourd'hui leurs *mots* — sentent plus l'estaminet que la bonne compagnie. Enfin, dans deux cents ans d'ici, si des fureteurs déterrent leur nom oublié, on ne saura pas davantage le titre de leurs livres, qu'on ne connaît aujourd'hui un certain « *Comte de Gabalis*, » laissé par l'éreinteur de Racine.

Heureusement que le public, le grand public, qui achète, lit et juge en dernier ressort, se trouve derrière la critique, légère ou solennelle. C'est lui qui dédommage tôt ou tard les créateurs de l'aveuglement et de la mauvaise foi. C'est lui qui finit toujours par aller aux audacieux, aux novateurs, aux originaux. Seulement, trompé par la critique courante, égaré par les médiocres qui se donnent la mission de le guider, le public a besoin parfois d'un temps très long pour casser les arrêts injustes et mettre définitivement chaque chose en sa place. Les malveillances tombent d'elles-mêmes un jour ; mais ce jour peut arriver si tard, que les victimes en soient découragées ou mortes.

De la part du public du livre surtout, cette justice est parfois très lente à venir. Voici comment les choses se passent presque toujours. Un écrivain original, apportant une note à lui, naît et débute. Son premier, son second, son troisième effort, restent presque sans résultats. La critique courante, occupée ailleurs, ne se doute pas de son existence. Le public l'ignore. Puis, arrive le moment psychologique, où, tout à coup, la bande des médiocres, avertie par sa haine instinctive de tout ce qui sort de l'ordinaire, se met à haïr le nouveau venu et à crier sa haine par-dessus les toits. C'est un déchaînement. Le novateur, éclaboussé, se trouve du jour au lendemain un objet de risée et de scandale publics. Mais, au moins, le voilà sorti de l'ombre. A leur insu, ses ennemis lui ont rendu ce service. Les éditions succèdent aux éditions. Alors, un travail sourd, lent mais continu, commence à s'opérer dans les couches profondes du grand public. Chaque lecteur, croyant à la légende, avait pris le livre en s'attendant à des monstruosités. — « Tiens ! mais ce fameux X..., que mon journal accuse de ne pouvoir écrire deux lignes sans mettre un mot sale, il écrit proprement, il ne manque pas de raison, il a même beaucoup de talent. » — Et, à la même heure, en mille endroits, dans les classes les plus différentes, chaque nouveau lecteur est comme un juge qui revise à sa façon l'inepte arrêt de la critique. A la longue, toutes ces sympathies, d'abord isolées, en rencontrent d'autres, finissent par établir un courant de réaction, dont la violence est en raison directe de la violence de l'attaque. Ainsi, avec les années et l'entassement des œuvres, voilà le public complètement retourné ; alors, la bande des détracteurs, impuissante, sans conviction au fond et gagnée elle-même, s'aplatit devant l'écrivain original qui triomphe. N'ayant pu l'étouffer quelque vingt ans auparavant, les mêmes hommes le comblent maintenant d'une admiration banale et se servent de son nom consacré, pour tenter à nouveau d'écraser quelque débutant de grand avenir.

Telle est la fonction négative et l'utilité involontaire de la basse critique. Eh bien ! Émile Zola se trouve justement arrivé à l'heure où, ses adversaires lui ayant rendu le service de répandre son nom, le public est à se demander qui a raison de ces hommes ou de lui. Mille indices sont là qui ne trompent pas. Il est commencé, ce travail sourd, lent mais continu, dont j'ai parlé. Pour s'en convaincre, il n'y a qu'à parcourir toutes ces lettres d'inconnus qui lui arrivent quotidiennement. Ces lettres lui sont envoyées du monde entier. Il y en a dans toutes les langues. J'ai quelquefois passé un après-midi curieux à les feuilleter, avec une sensation particulière de cosmopolitisme, ne sachant même pas la provenance de certaines, déchiffrant à peine quelques noms propres dans les Russes, les Anglaises, les Suédoises, les Américaines, les Allemandes, les Espagnoles, et traduisant tant bien que mal les Italiennes, toutes pleines, celles-là, de l'emphase du midi.

Quant aux lettres de Français, elles sont de beaucoup les plus nombreuses. Voici de tous jeunes gens, fortement remués, qui, dans leur petite ville, doivent rêver de Paris et de littérature; le bout d'un manuscrit qu'ils n'osent envoyer, sort de leurs phrases respectueuses. Voici de jeunes femmes rêveuses, sentimentales, qui ne se doutent pas que leurs effusions passeront sous les yeux de madame Émile Zola. Voici des prêtres, connaissant le monde, accoutumés par la confession à pénétrer au fond du cœur humain, et venant en grand secret se confesser eux-mêmes au romancier, qu'ils traitent comme une sorte de frère en sacerdoce. Voici des professeurs de l'Université, qui lui donnent des bons points, qui lui cherchent aussi des querelles de pédant. Il y a même des illettrés qui divaguent, des originaux qui font de l'esprit, des sots qui l'injurient. Les lettres de fous et de folles ne sont pas rares non plus. Mais, ce qui se dégage malgré tout de l'ensemble de cette correspondance universelle, diverse comme la foule, c'est une sympathie désintéressée et, aussi, l'indignation parfois éloquente de gens, qui, ayant lu ses livres sans prévention, sont outrés des injustices et de la légèreté de la critique contemporaine.

Rien n'est éternel après tout, pas même les légendes. Ce qu'il est possible de faire pour étouffer un écrivain, une certaine critique l'a fait à l'égard de Zola. Heureusement, le public, gagné par les œuvres, s'aperçoit peu à peu des calomnies, flaire l'injustice. Il n'y a plus qu'à s'en remettre à lui. Le temps fera le reste. Quant à moi, j'ai simplement voulu donner dans cette étude des notes sincères, qui pourront servir un jour de documents à quelque critique scientifique de talent et de conscience, s'il doit s'en produire un dans notre littérature.

FIN.

VERS INÉDITS

DE

ÉMILE ZOLA

Mon cher Alexis,

Vous me demandez quelques fragments de mes œuvres de jeunesse, pour accompagner l'étude biographique que vous avez bien voulu écrire sur moi. Je fouille dans mes tiroirs, et je ne trouve que des vers. Huit à dix mille dorment là, depuis vingt ans, du bon sommeil de l'oubli.

Il serait certainement sage de ne pas les tirer de leur poussière. Moi seul peux sentir encore leur parfum, ce lointain parfum des fleurs séchées, qu'on retrouve après des années entre les pages d'un livre. Mais je cède à vos désirs, je prends une poignée de ces vers d'enfant, et je vous les donne, puisqu'il doit être intéressant pour vos lecteurs, dites-vous, de voir par où j'ai commencé. Ils seront la pièce à l'appui, après le procès-verbal.

J'avoue que je cède aussi à un autre sentiment. De mon temps, nous imitions Musset, nous nous moquions de la rime riche, nous étions des passionnés. Aujourd'hui, l'imitation d'Hugo et de Gautier l'emporte, on a raffiné sur les orfèvreries des poètes impeccables, on a mis la poésie hors de l'humanité, dans le pur travail de la langue et du rythme. Eh bien! je veux dire que si, pour ma grande honte à coup sûr, je m'étais entêté à faire des vers, j'aurais protesté contre ce mouvement que je juge déplorable. Notre poésie française, après l'épuisement de la veine superbe de 1830, trouvera son renouveau dans un retour au vieux bon sens national, à l'étude vivante des douleurs et des joies de l'homme.

Au demeurant, je n'ai pu relire mes vers sans sourire. Ils sont bien faibles, et de seconde main, pas plus mauvais pourtant que les vers des hommes de mon âge qui s'obstinent à rimer. Ma seule vanité est d'avoir eu conscience de ma médiocrité de poète et de m'être courageusement mis à la besogne du siècle, avec le rude outil de la prose. A vingt ans, il est beau de prendre une telle décision, surtout avant d'avoir pu se débarrasser des imitations fatales. Si donc mes vers doivent servir ici à quelque chose, je souhaite qu'ils fassent rentrer en eux les poètes inutiles, n'ayant pas le génie nécessaire pour se dégager de la formule romantique, et qu'ils les décident à être de braves prosateurs, tout bêtement.

Chateaubriand dit dans ses Mémoires : « J'ai écrit longtemps en vers avant d'écrire en prose. M. de Fontanes prétendait que j'avais reçu les deux instruments. » J'ai, moi aussi, écrit longtemps en vers avant d'écrire en prose; mais, si j'ignore ce qu'aurait prétendu M. de

Fontanes, je sais bien que je me refuse totalement l'un des instruments, et qu'il y a des jours où je ne m'accorde pas même l'autre.

Cordialement à vous,

ÉMILE ZOLA.

Médan, 1er décembre 1881.

L'AMOUREUSE COMÉDIE

RODOLPHO

(FRAGMENTS)

I

Par ce long soir d'hiver, grande était l'assemblée
Au bruyant cabaret de la Pomme de Pin.
Des bancs mal assurés, des tables de sapin,
Quatre quinquets fumeux, une Vénus fêlée :
Tel était le logis, près du clos Saint-Martin.

C'était un bruit croissant de rires et de verres,
De cris et de jurons, même de coups de poing.
Quant aux gens qui buvaient, on ne les voyait point :
Le tabac couvrait tout de ses vapeurs légères.
Si par enchantement le nuage, soudain

Se dissipant, vous eut montré tous ces ivrognes,
Vous eussiez aperçu, parmi ces rouges trognes,
Deux visages d'enfant, bouche rose, œil mutin.
A peine dix-huit ans. Tous deux portaient épée.
Ils élevaient la voix.
　　　　　　　— Merci, mon bon Marco,
Disait l'un, ma soirée entière est occupée.
Vous boirez bien sans moi.
　　　　　　　— Quoi! seigneur Rodolpho,
Dit l'autre cavalier, est-elle blonde ou brune?
Prenez garde au mari, car il fait clair de lune.
— Tu te trompes.
　　　　　　— Comment! toi, notre bon buveur,
Pour vin, tu prends l'amour, et pour verre, son cœur!
Piètre boisson, mon cher, piquette de carême!
Et le verre est petit.
　　　　　　Alors, vidant le sien,
Il paya. Rodolpho le saisit par la main.
Il était pâle.
　　　　　— Ami, dit-il, point de blasphème!
Oh! fou qui ne crois pas seulement à l'amour!
Ainsi, quand tu lui dis dans un sanglot : Je t'aime,
Tu ne l'aimes donc pas? C'est un jouet d'un jour
Qu'une femme pour toi, doux jouet dont on use
Et qu'on rejette, lorsqu'un autre vous amuse.
Tu n'auras donc jamais cette fureur d'aimer
Qui brûle? Tu n'auras donc jamais de jeunesse?
Au lieu de cette extase où je vais m'abîmer,

Ce n'est qu'un vil désir qui t'excite et te presse.
Insensé, je te plains !

     Marco s'était assis.
Il se fit apporter encore une bouteille,
Il en but un grand coup, et lui dit :

        — M'est avis
Que tu t'échauffes fort. Tu l'aimes, à merveille !
Mais, dis-moi, t'aime-t-elle ?

       A cette question,
Notre amant sur ses pieds bondit comme un lion.
— Sang-Dieu ! s'écria-t-il, serais-je de ce monde,
Si Rosa ne m'aimait comme j'aime ses yeux !
Mais j'irais me jeter dans l'eau la plus profonde !
Elle m'aime, Marco.

     — Bon, dit l'autre, tant mieux !
Mais rien n'est infini ; toujours n'est que chimère.
Hélas ! moi, j'aperçois déjà le fond du verre.
Ne crains-tu pas de voir la fin de son ardeur ?
— Ah çà ! que me dis-tu ? Sans doute tu veux rire.
Rosita m'aime tant : je compte sur son cœur.

Marco le contempla méchamment, sans rien dire.

L'autre continua : — Je l'aime plus que Dieu.
Elle m'adore aussi. Qui donc veux-tu qui vienne
Déranger cet amour ? On aurait de la peine
A lui faire oublier mille baisers de feu.

Oh ! nous nous aimerons toujours.

— Je le souhaite.

— Moi, j'en suis sûr.

— Tant mieux ! Jeune cœur, jeune tête,
Dit Marco, le réel n'a point passé par là.
S'aimer toujours !

— Eh ! oui, mon cher, cela sera.
N'est-il pas vrai que Dieu nous fait présent d'une âme
Pour aimer ? S'il n'en peut donner une à la femme,
C'est injuste et cruel ; et je l'insulterai,
Le jour où, dans les bras d'un autre, je verrai
Rosita. L'on viendrait me dire en confidence
Que tu vas me trahir, toi, mon ami d'enfance,
J'en rirais volontiers.

— Et tu ferais fort bien.

— Elle ou toi me tromper ! mais je n'en croirais rien !
Dix heures !... Je te quitte.

— Au moins vide ton verre.

— Surtout n'en parle point aux amis. A bientôt.
Je cours.

— Eh ! Rodolpho, mon brave, un dernier mot.
Elle reste ?

— Aux Chartreux, en face du Calvaire.

II

Vous eussiez vainement cherché dans la cité
Un buveur plus solide, une plus fine lame,
Que notre Rodolpho, terrible enfant gâté,
Toujours gai, buvant sec, sacrant par Notre-Dame,
Amant de la folie et de la liberté.
C'était le plus joyeux d'une bande joyeuse,
Qui passait la jeunesse, attendant la raison,
Ayant l'amour au cœur, aux lèvres la chanson.
C'était un garnement à la mine rieuse,
Tout rose, avec fierté portant un duvet noir
Qu'il cherchait à friser d'une main dédaigneuse.
Aussi que de regards il attirait, le soir,
Lorsque, entouré des siens, aux lueurs des lanternes,
En chantant il sortait, l'œil en feu, des tavernes.
Il s'en souciait peu. Plus d'une duègne, hélas !
Avec étonnement vint dire à sa maîtresse
Qu'il avait refusé de marcher sur ses pas.
Il était ainsi fait. Les chants, les coups, l'ivresse,
C'était son lot ; de femme, il n'en désirait pas.
Quand ses amis couchaient chez Suzon ou chez Laure,
Il savait s'esquiver, allait on ne sait où ;
Puis, il reparaissait, lorsqu'il fallait encore
Boire comme une éponge et rire comme un fou.

Si, d'aventure, à table, en buvant le champagne,
Ses bruyants compagnons, qui battaient la campagne,
Discutaient sur l'amour, en octroyant tout net
Le doux nom d'imbécile à quiconque y croyait,
On le voyait pâlir et garder le silence.
On se rappelait même un duel qu'il avait eu
Avec certain abbé, qui, pour unique offense,
Chez la femme niait l'amour et la vertu.
D'ailleurs, Rodolphe était un ami véritable,
Offrant aux premiers mots son argent et sa table,
Partageant et donnant la plus forte moitié,
Se souciant fort peu de l'enfer et du diable,
Faisant depuis deux ans un tapage effroyable,
Mais croyant à l'amour ainsi qu'à l'amitié.

. . . .
. . . .

III

— Rosa, dit Rodolphe, tu voudrais donc, ma reine,
Enlacé dans tes bras, qu'ici l'on me surprenne.
Voici le jour, ma mie.
    — Eh! non, dit Rosita.
Rien qu'un baiser!
    Dans l'ombre, on entendit l'étreinte
De ses bras, un baiser, une amoureuse plainte

La veilleuse d'albâtre, en pétillant, jeta
La dernière lueur.
— Regarde, ma chérie,
Dit Rodolphe.
Et, soudain, la lourde draperie
S'ouvrit, montrant la couche.
Au matin d'une nuit
D'ardente volupté, qu'une maîtresse est belle !
Sa bouche, de baisers toute chaude, sourit ;
Son œil, demi voilé, de bonheur étincelle ;
Un désir gonfle encor sa gorge de frisson,
Et l'odeur de l'amour sort de sa chevelure.
Une cavale, jeune et fougueuse d'allure,
Après un long combat, à la voix du clairon,
Généreuse, oubliant sa récente blessure,
Relève avec ardeur la tête et, se cabrant,
Hennit, frappe le sol et bondit en avant.
De même Rosita, délirante, éperdue,
Corps que l'on peut abattre et non pas apaiser,
Devant son Rodolpho se dressant demi nue,
Lui présente les bras pour un nouveau baiser.

Faible est la chair, dit-on. Bien souvent on s'oublie
Des heures, dans les bras d'une femme jolie.
Notre amant, à la fin, s'élança hors du lit ;
Et, tout en s'habillant :
— Çà, mignonne, j'ai dit
Notre amour à quelqu'un, un compagnon d'enfance,

Je m'étais tant promis de le tenir secret!
Je ne sais vraiment pas comment cela s'est fait.
J'avais le cœur trop plein pour garder le silence.
Dis, ne m'en veux-tu pas?

     — Moi, t'en vouloir!... pourquoi?
Dans chaque carrefour, que me fait qu'on publie
Que j'adore un amant aussi brave que toi.
Je t'aime!

   — Je ne sais, mais c'est une folie.
Je me repens déjà d'avoir fait cet aveu.
— Qu'importe! répéta Rosita caressante,
Doutes-tu de mon cœur?

     —En douter! mais, sang-Dieu!
Je douterais plutôt de ma mère. Méchante,
Tu m'aimes, je le sais, tu m'aimeras toujours.
Le mystère pourtant va si bien aux amours.
Ce n'est qu'avec le cœur que l'on nomme une amante.
— Quel est ton confident, dis-moi?

     — Marco, tu sais?
Ce grand brun, longs cheveux.

     — Ah! oui, je le connais.
— Un excellent garçon. Si je suis là, ma mie,
C'est grâce à lui : deux fois, il m'a sauvé la vie.
J'ai juré que pour lui je ferais tout.

     — J'entends.
C'est votre bon ami, votre bon camarade.
Les fillettes, voilà vos plus doux passe-temps.
A vous les cabarets, les coups, la mascarade;

Ah! je le sais, monsieur, vous faites tout cela.
Vous êtes un coureur.
      — Rosita ! Rosita !
Dit l'enfant, sérieux, la voix pleine de larmes,
J'ai grand soif et je bois ; j'ai de fort belles armes,
Pour ne pas les laisser se rouiller, je me bats ;
Mais promener partout mon cœur et ma tendresse,
Cela me semble vil, et je ne le fais pas.
Tu seras ma dernière et ma seule maîtresse,
Et mon cœur sera mort le jour où tu mourras.
— Oh ! vous mentez, monsieur.
      — Je jure sur mon âme,
Dit-il en pâlissant, je jure sur l'honneur
Que mes lèvres jamais n'ont baisé d'autre femme,
Et que nulle après toi n'ira jusqu'à mon cœur.
Si je te quitte un jour, tiens ! je veux qu'on le sache
Et que dans chaque rue on dise : C'est ce lâche !
— Eh ! bien, moi, reprit Rose arrangeant son peignoir
Et faisant une mine en face d'un miroir,
Moi, le jour de folie où, reniant mon âme,
Aux bras d'un autre amant on viendrait à me voir,
Qu'on me donne les noms d'hypocrite et d'infâme !

Tout à coup, Rodolpho partit d'un grand éclat
De rire.
  — Ah çà ! dit-il, croirait-on pas, mignonne,
Que nous nous querellons ? Le Seigneur nous pardonne !
Ton serment est naïf et le mien est fort plat.

Les deux seraient charmants dans une tragédie.
Quand on aime, mon cœur, on aime pour la vie.

Et, pressant dans les bras sa Rose avec amour,
Baisant ses grands yeux bleus, baisant sa chevelure,
Il l'admirait.
    — Vois donc, dit-il, il fait grand jour.
De la ville éveillée on entend le murmure.
Donne-moi mon épée, et je te dis adieu.
— Sainte Vierge, tu cours! demeure encore un peu.
Viens m'embrasser.
    — Oh! non, car il serait à croire
Qu'alors je resterais jusques à la nuit noire.
Je me sauve.
    — Dis-moi, quel âge a ton ami?
— Lequel?
    — Marco.
    — Marco, dix-sept ans et demi.
Au revoir.
    — Est-il riche?
    — Un peu plus que mon père.
— Est-il fort amoureux?
    — Je n'en sais rien, ma chère.
Au revoir.
    — Au revoir, mon Rodolpho chéri.

IV

C'était l'heure où, poussant devant lui l'attelage,
Le laboureur regagne en chantant la maison ;
Où, voyant fuir le jour, pour rentrer au village,
La fillette se hâte en rasant le buisson.
Chaque arbre semble avoir une chanson à dire ;
La terre et l'infini soupirent vaguement ;
Et l'univers entier vibre comme une lyre,
Quand l'étoile du soir paraît au firmament.

Telle que l'on entend la nourrice fidèle,
Après avoir donné le lait de sa mamelle,
Par quelque chant mourant bercer son nourrisson ;
Telle, après nous avoir nourri comme une mère,
Lorsque tombe la nuit, on entend cette terre
Chanter pour nous bercer une vague chanson.
. . . .
. . . .

Justement, ce soir-là, notre amoureux jeune homme
Revenait d'hériter d'une assez lourde somme
Quoique riche, ma foi, c'était encor cela.
Il avait tant pressé, tant pressé le notaire,
Qu'il avait promptement terminé cette affaire

Et qu'il courait les champs pour surprendre Rosa.
Ne surprenez jamais, dit-on, votre maîtresse.
Certes, il eût fort peu goûté ce conseil-là :
Il entendait par femme éternelle tendresse.
Rodolpho n'était pas un tendre pleurnicheur.
Il galopait gaiement et sans envie aucune
D'adresser par amour des sonnets à la lune.
Il savait adorer sans avoir mal au cœur.
Il n'avait que sa Rose, il l'aimait avec rage.
Malgré cela, pourtant, il n'était pas jaloux :
Il était si crédule et Rose était si sage...
Si vous riez de lui, pourquoi donc riez-vous ?

Oh ! courage, mon siècle, avance, avance encore !
Quel jour nous promet donc cette sanglante aurore ?
Que t'a donc fait, Seigneur, ta pauvre humanité,
Pour laisser insulter à ta divinité,
Pour laisser sur son cou flotter ainsi la guide,
Sans modérer les bonds de sa course rapide ?
On ne croit plus à rien ; le malheureux qui croit,
Comme un être bouffon est désigné du doigt.
En effet, ce serait chose bien ridicule
Qu'un amour éternel vous torture et vous brûle ;
Cela ferait vraiment sourire que de voir
La femme du matin aimée encor le soir.
Ah ! nous ne sommes pas comme messieurs nos pères :
Quand nous avons bien bu, nous écrasons nos verres ;
Nous buvons sans façon dans celui du prochain,

Et vers le nôtre aussi chacun porte la main.
Toute vertu d'ailleurs étant coquetterie,
La pudeur, une aimable et tendre hypocrisie,
Les femmes, voyez-vous, ne valent pas vraiment
La légère vapeur que l'on fait en fumant.
Les aimer, camarade, ah ! la sotte manière !
En user et changer, voilà comme il faut faire !
Les aimer ! mais ce mot n'est qu'un vieux mot perdu.
Les siècles ont marché, l'âge d'or est venu.
On n'aime plus Rodolphe, on possède une femme.
En se jouant parfois on lui déchire l'âme.
Un jour vient où le cœur finit par se blaser ;
Ce jour-là, sur le front on lui donne un baiser ;
Tandis qu'elle murmure à votre cou : « Je t'aime, »
On dit : « Pour moi, ma chère, il n'en est pas de même,
« Car je ne t'aime plus ; vois la porte plus loin. »
Et, comme un vieux soulier, on la jette en un coin.
Il est vrai que la femme a fini par comprendre
Que le feu le plus pur fait toujours de la cendre,
Et qu'il était stupide et risible, en effet,
De donner de l'amour plus qu'on n'en demandait.
Elle a fait comme nous.
                Oh ! Seigneur, votre monde
Me paraît, dans cet âge, être un cloaque immonde.
L'Amour, cet esprit saint, ce frère d'Ariel,
Qui venait nous conter les voluptés du ciel,
Est remonté vers vous, trouvant que, sur la terre,
L'homme se ressent trop de la fange, sa mère.

Eh bien, je veux ma part de ce rut des plaisirs !
Si je n'ai plus d'amour, j'ai toujours des désirs.
Oh ! je suis jeune, ardent ; que m'importe la femme !
Je ne crois plus au ciel, je ne crois plus à l'âme ;
J'ai le cœur d'une brute et, pour me contenter,
Dedans le premier lit je n'ai qu'à me jeter !
Allons donc, Rodolpho, sois un bon camarade !
Le vieux monde aujourd'hui finit sa mascarade ;
Il avait pris l'amour pour son déguisement,
Il remet, fatigué, son ancien vêtement.
Allons, fais comme tous ! la brute est revenue :
Chaque femme t'appelle, infâme et demi nuè !

Oh ! je raille, je raille... Et toi, mon pauvre cœur,
Tu lis avec effroi ce que je viens d'écrire,
Te demandant, hélas ! quelle affreuse douleur
Peut me mettre à la lèvre un semblable sourire.

Oh ! je raille, je raille... Et bien loin, vers les cieux,
En nous fuyant l'amour a déployé son aile.
— Quand un enfant écrase un doux nid dans ses jeux,
Au printemps on entend sangloter l'hirondelle.

Quand la fleur voit s'enfuir le léger papillon,
Emporté dans les airs par ses ailes de flamme,
La rosée, en longs pleurs, tombe sur le gazon,
— Et, quand l'amour s'enfuit, on entend pleurer l'âme.

Notre Père, il est temps. Oh! qu'un autre Jésus
Expire sur la croix et du chaos nous sorte.
Notre corps, vil lambeau, n'a plus qu'une âme morte.
Venez, ou je croirai que vous n'existez plus!
. . . .
. . . .

Tandis que contre tous j'exhalais ma colère,
En chantant Rodolpho poursuivait son chemin,
Si bien qu'il se trouva sous le balcon de pierre,
Par où, montant le soir, il descend le matin.
Il était chez sa belle. Au moins n'allez pas croire
Qu'il avait, enragé, couru comme le vent
Ou comme une nonnain s'enfuyant du couvent.
Il s'était arrêté quatre ou cinq fois pour boire.
Il ne pouvait passer devant un cabaret,
Sans juger doctement le vin qu'on y vendait.
De plus, tout en frisant sa barbe, un mousquetaire
L'ayant trop regardé, mon Rodolphe avait cru
Qu'il demandait un duel: il s'était donc battu.
Il laissa son cheval à l'endroit ordinaire;
Et, cessant tout à coup un air qu'il chantonnait,
Il murmura:
— Le diable emporte le notaire!
Marc doit avoir maigri de chagrin. J'ai mal fait
De ne pas l'aller voir avant d'embrasser Rose.
Une amante, un ami, n'est-ce pas même chose?
Une minute au plus j'aurais serré sa main,

Et j'aurais mieux aimé. Si je courrais, peut-être
Serais-je à temps... Mais non, je le verrai demain.

Et vite Rodolpho monta sur la fenêtre.

V

Une pâle lueur éclairait le boudoir,
Si bien que, regardant, il ne put rien y voir.
Il poussa doucement la croisée entr'ouverte.
Il tenait à la main une couronne verte,
Qu'il venait de cueillir pour Rose dans les champs,
Et qu'il voulait poser, humide et parfumée,
A son candide front, sur ses cheveux flottants,
Pour voir à son réveil rire la bien-aimée.

Soudain il aperçut les rideaux se mouvoir.
« Elle dort, se dit-il, c'est la brise du soir
« Qui se joue en courant dans cette draperie. »
Il entendit un bruit, comme un bruit de baiser.
« Elle dort, se dit-il, le vent vient de passer :
« Les fleurs ont tressailli là-bas, dans la prairie. »
Il vit dans une coupe un parfum d'Orient
Brûler et se répandre en nuage odorant.
Les flacons étaient prêts, la chambre était fleurie.
« Elle dort, se dit-il, elle dort et m'attend. »

Pourquoi donc, Rodolpho, cette pâleur soudaine ?
Dis-moi, pourquoi ces yeux par l'horreur dilatés ?
Les rideaux de nouveau se sont donc agités ?
Elle dort, c'est le vent qui passe dans la plaine.
Une étreinte d'amour fait tressaillir le lit,
Un bruit, un long baiser dans l'ombre retentit.
Elle dort ! elle dort ! c'est un bruit de l'espace,
Dans la verdure en fleur c'est la brise qui passe.
Mais vois donc, le parfum s'achève en pétillant :
Ces flacons sont brisés, cette nappe est rougie.
Mais ne dirait-on pas les suites d'une orgie...
Elle dort ! elle dort ! Rodolphe, elle t'attend !

Elle est blonde pourtant. Quelle est la chevelure
Qui, si noire, en longs flots ruisselle sur ses bras ?
Tu connais bien sa voix. Quel est donc le murmure
Qui s'élève du lit, ne lui ressemblant pas ?
Elle a donc les pieds forts et les jambes nerveuses ?
Sa gorge n'est donc pas blanche comme le lait ?
Ses épaules, dis-moi, ne sont donc pas soyeuses,
Qu'un corps, brun et nerveux, sur le lit t'apparaît ?
Mais tu trembles, je crois. Cours vite, elle t'appelle ;
Cours vite l'embrasser, lui dire : Me voilà !
Tu le sais, mon amour, l'attente est si cruelle...

Ah ! tu l'as donc compris qu'un autre homme était là !

Rodolpho s'accouda sur le balcon de pierre,

D'un geste frémissant écartant le rideau,
Tandis que, déjà sale et blanche de poussière,
La couronne de fleurs tombait sur le carreau.

« Hélas ! murmura-t-il, c'était une chimère.
Oh ! Seigneur, qu'ai-je fait pour que vous, le Puissant,
Vous laissiez éclater ainsi votre colère
Et la laissiez tomber sur un grain de poussière
Que le vent du matin pulvérise en passant.
Pitié ! Seigneur, pitié ! je ne suis qu'un enfant. »

Et, là-bas, il voyait, dans un fougueux désordre,
Rose aux bras d'un amant s'enlacer et se tordre.

« Mes amis se moquaient : ils avaient donc raison.
Je sanglote et mes bras pendent sans énergie.
Avec avidité je regarde l'orgie.
Oh ! quels embrassements et quelle passion !
Ma dague de leur sang n'est pas encor rougie.
Je suis lâche, je pleure : oh ! je l'aimais, pardon ! »

Et, là-bas, il voyait, dans un fougueux désordre,
Rose aux bras d'un amant s'enlacer et se tordre.

« Je les tûrai tantôt, je ne puis maintenant.
Je me sens chanceler, je suis comme en ivresse,
Et je veux être sûr de mon coup en frappant.
Oh ! comme Rosita l'embrasse avec tendresse !

Avec quelle fureur il lui rend sa caresse !
Rosita m'avait dit qu'elle m'aimait pourtant. »

Et, là-bas, il voyait, dans un fougueux désordre,
Rose aux bras d'un amant s'enlacer et se tordre.

« Mais regarde-les donc, c'est une lâcheté !
Au souffle de la haine, à mon pâle visage,
De honte et de fureur, le sang n'est pas monté !
La douleur m'a courbé comme le vent d'orage,
Et, dans le tourbillon, s'est enfui mon jeune âge :
L'âme a repris son vol, le limon est resté. »

Et, là-bas, il voyait, dans un fougueux désordre,
Rose aux bras d'un amant s'enlacer et se tordre.

Il se tut, chancelant, frissonnant, éperdu.
Les pleurs ne coulaient plus sur son visage blême.
Il écoutait... Dis-moi ? qu'as-tu donc entendu
Que ton glaive en brillant dans l'ombre est apparu ?
Est-ce bien Rosita qui murmure : Je t'aime ?
Elle l'aime, dit-elle ! Ah ! frappe, Rodolpho :
La victime a le droit de se faire bourreau !

Rodolpho s'élançait.

— Ah ! ah ! laissez-moi rire,
Dit-il en ricanant et se mordant la chair,

La lampe manque d'huile, en son vase elle expire :
Par la messe! vraiment, je ne voyais pas clair.
Mais j'en rirai longtemps : la curieuse chose,
C'est mon ami Marco qui se trouve avec Rose !

Le malheureux poussait des rires déchirants,
Rires affreux, pareils aux grincements de dents.

— Voyez, ajouta-t-il, quelle belle équipée !
Contre mon bon Marco, j'allais tirer l'épée.
Sans doute il a prévu que je voulais le voir ;
Et ma Rose a prêté sa couche pour ce soir.
Tous deux auront soupé, fatigués de m'attendre,
Et, pour m'attendre encore, ils se seront couchés.
Quand Rosita buvait, je la trouvais fort tendre ;
Puis, c'est avec Marco, le moindre des péchés.
Il m'a sauvé la vie, il peut me la reprendre.
Ma mie, en bonne enfant, veut l'en récompenser ;
Et j'aurais dû plus tôt la lui faire embrasser.
Je voulais les tuer : pourquoi, je le demande ?
Ma colère et mes pleurs vraiment me font pitié.
J'ai vécu de leur vie, et puis j'ai l'âme grande :
Moi, je crois à l'amour ainsi qu'à l'amitié.

Et l'insensé jeta son glaive sur la terre.
Il riait, regardant par un trou du rideau ;
Puis, tournoyant soudain, égratignant la pierre,
Hagard, il s'affaissa mourant sur le carreau.

VI

Lorsqu'il revint à lui, l'aube, dans la prairie,
Des lointains peupliers rougissait le sommet.
Il ne vit que Rosa sur le lit endormie,
Il se prit à pleurer, car il se souvenait.
Le ciel ne voulait pas lui donner la folie;
Après l'avoir frappé, le ciel l'abandonnait.

Une alouette au loin volait, seule et muette.
Elle a froid, et la brume étouffe sa chanson.
Aussitôt que l'aurore a paru, la pauvrette
Pour monter au soleil a quitté le sillon.

Sans doute elle ignorait que parfois la lumière
Peut tromper, n'être pas l'indice d'un beau jour;
Et l'imprudente monte, alerte, matinière,
Cherchant un rayon d'or pour chanter son amour.

Elle fend le brouillard, elle monte, elle espère.
Elle monte et se dit que là-haut, dans les cieux,
Elle va découvrir quelque lieu solitaire,
Plein de feux éclatants, de chants mélodieux.

Mais, hélas ! de partout la brume l'environne.
Elle vole au hasard ; la terre a disparu ;
Le ciel est toujours sombre, et la pauvre mignonne
Sent sa plume trembler sous un vent inconnu.

Ah ! tremble ! c'est le vent de toute chose humaine,
Qui depuis six mille ans gèle l'humanité,
Qui porte la poussière aux arbres de la plaine :
C'est le vent glacial de la réalité.

. . . .
. . . .

Dans l'ombre du boudoir, sur la couche étendue,
Rosita soupira.
    — Dans cette gorge nue,
Murmura-t-il alors, riant amèrement,
Je pourrais enfoncer aisément une lame.
Je pourrais les tuer, elle, puis son amant.
Je ne sais quel malheur me mène à cette femme !

Et sa main qui tremblait, tourmentait son poignard.
Il entrait, repoussant la croisée entr'ouverte,
Lorsque son pied marcha sur la couronne verte.
Il abaissa vers elle un déchirant regard.
Puis, soudain il la prit, maculée et flétrie,
Et, grave, s'approcha de la fille endormie.

Sur son front de seize ans ayant posé ces fleurs :
— Elles avaient pourtant tes vermeilles couleurs,

Dit-il. Dans une nuit, elles se sont fanées.
Pour que le ver te ronge et ne laisse qu'un os
Dans un tombeau, qui sait ce qu'il faut de journées?
Rosita, mon amour, quel gracieux repos!
C'est un juste sommeil; dirait-on pas un ange?
Vois donc comme est souillé ce délicat bleuet;
Cette couronne est sale et ton corps est de lait :
Qui d'elle ou de ton cœur est plus couvert de fange?
Ce sont des fleurs des champs — c'était hier, je crois, —
Quand je te l'apportais, elle était fraîche et belle;
Mais un hasard vengeur m'a fait marcher sur elle,
Pour que je te la donne enfin digne de toi.
Entends-tu ces accords, rieuse jeune fille?
C'est le bal. Lève-toi, cette couronne au front.
Je suis fils de cet âge et, quand ton regard brille,
Quand ta bouche d'amour tout doucement babille,
De te croire jamais je ne te fais l'affront.
Femme, ce sera là, si tu veux, ta livrée.
En te voyant si belle et de fange parée,
Les hommes tour à tour passeront dans tes bras.
Tu n'auras plus l'ennui des amours éternelles,
Plus d'amants languissants, plus de sottes querelles;
Et d'autres t'aimeront, quand les uns seront las !

Le malheureux cessa de parler. Sur la couche,
Riant dans son repos, la fille remua;
Et quelques mots confus sortirent de sa bouche.
Afin de l'écouter, vers elle il se pencha.

Des toiles repoussant la flottante ceinture,
Elle étendit les bras, tordit sa chevelure,
Et, prenant Rodolpho par le cou, l'embrassa.

— Je ne l'ai pas aimé, disait-elle en son rêve,
Il n'était pas jaloux... Marco... mon doux chéri...

On vit le pâle éclair qui courut sur le glaive,
Et Rosita mourut en poussant un grand cri.

VII

Le festin s'égayait.

— Me brûle le tonnerre !
Dit Paulus, si je sais ce que fait Rodolpho,
Et voici bien huit jours que je n'ai vu Marco.

— Parbleu ! dit Ludovic, ils sont tous deux en terre.
Au cœur, Marc a reçu quatre coups de couteau ;
Et Rodolpho, saisi d'une rage amoureuse,
Est mort d'épuisement dans les bras d'une gueuse.

Aix, 1859.

L'AÉRIENNE

(FRAGMENTS)

I

Un soir, je l'aperçus dans une ombreuse allée
Onduler comme un rêve à la forme voilée.
Son regard incertain qui, vague, par moment,
Sans paraître rien voir, caresse doucement,
Son pas harmonieux, sa démarche légère
Qui semble dans un vol se détacher de terre,
Sa taille qui se plie au vent comme une fleur,
Me la firent dans l'ombre, en poète rêveur,
Prendre pour une fée, une vierge sereine,
Et surnommer tout bas du nom d'Aérienne.
Sa longue et blanche robe à la brise d'été
Tremblait ; et de la lune un rayon argenté,
Se jouant, me parut la trace que son aile
En effleurant le sol épandait derrière elle.
Puis, il me sembla voir, sous la molle lueur,
Son front se couronner d'une sainte splendeur ;

Et, ses petites mains jointes sur la poitrine,
Dans un élan d'amour, la vision divine
Flottait et s'élevait vers une étoile d'or,
Lentement, comme on berce un enfant qui s'endort.

Ah ! blonde vision, ma sœur, ma bien-aimée,
Rose de mon sentier, éclose et parfumée,
Toi que toujours je nomme, ainsi qu'au premier jour,
Ma blanche Aérienne et ma vierge d'amour !
Ce nom fait naître encore, en vibrant sur ma lyre,
A ma lèvre brûlante un paisible sourire.
Le temps est donc venu d'effeuiller nos bleuets
Et d'épancher à tous nos amoureux secrets.
Il me faut donc jeter à la foule railleuse
Ton âme, ô chaste sœur, aimante et généreuse,
Et ce beau rêve d'or que, la main dans la main,
Nous fîmes, certain soir, sur le bord du chemin.
O Muse insatiable, amère et douce amie
Qui berce dans tes bras la douleur endormie,
Qui console le cœur en chantant ses vingt ans,
Et prostitue ainsi les fleurs de son printemps !
A la foule laissons tomber, pâle et brisée,
La fleur que, dans nos jeux, nos mains auront froissée.
Qu'importe qu'elle glisse à l'abîme commun,
Quand j'aurai d'un baiser pris son dernier parfum !

Les vents du soir jouaient, soupirs mélancoliques,
Tièdes et languissants, dans les ormes antiques,

Et leur souffle apportait du rivage voisin
Par moments une odeur de lavande et de thym.
Je suivais lentement la vision chérie,
Perdu dans une longue et douce rêverie.
Je sentais, sous les feux de cette nuit d'été,
Les champs autour de moi frémir de volupté.
Ces brises, ces parfums, cette lueur douteuse
Que la lune épanchait, pâlissante et rêveuse.
Cet univers entier vaguement soupirait
Des chants mystérieux que mon cœur comprenait;
Et, croyant voir encore onduler l'inconnue,
Je la pensais toujours une enfant de la nue,
Quand un rayon glissa sur son front, et soudain,
Près de quitter la terre en un baiser divin,
Je vis des pleurs trembler à sa longue paupière.
A ce tribut fatal de l'humaine misère,
Mes songes vers le ciel s'enfuirent en pleurant,
Et l'ange ne fut plus qu'une mortelle enfant.

. . . .
. . . .

II

Chaque soir, je venais, depuis cette soirée
Où, vague, à mon regard elle s'était montrée,

Dans l'ombre je venais, au détour du chemin,
L'attendre, en écoutant l'heure au clocher voisin.
Mais elle, toujours douce et toujours désolée,
Légère, elle glissait sur l'herbe de l'allée,
Et sans jamais me fuir, sans chercher à me voir,
Me jetait un souris plus triste chaque soir.

Enfin, je la suivis et je gagnais, dans l'ombre,
Sa chambre où pâlissait le jour déjà plus sombre.

Lentement, je poussai la porte et, quelque temps,
J'hésitai. Cette couche aux petits rideaux blancs,
Sur un siège noirci cet ouvrage d'aiguille,
Ce paisible univers de chaste jeune fille
M'apparut doucement si pur, si parfumé,
Que de ma chair l'orage un instant fut calmé.
La blonde et chère enfant, à la fenêtre assise,
De ses cheveux livrait les boucles à la brise,
Et, penchée en arrière, à mes yeux découvrait
Son sein demi voilé qu'un soupir agitait.

Et, dans toute ma chair, ce fut une brûlure,
Car je crus, en un vol, sentir l'haleine pure
Qui gonflait ce beau sein, m'effleurer d'un baiser.
Puis, comme un vent du soir dans l'air vint à passer,
En s'entr'ouvrant encor, la frêle broderie
Montra dans un rayon la fleur épanouie;

Et, frémissant d'amour, je m'approchai soudain
Et, brûlante, posai ma bouche sur sa main.
. . . .
. . . .

LE POÈTE

J'ai tenté vainement aux voûtes éternelles
De maintenir le vol de mes fragiles ailes,
Et je suis retombé, de rayons ébloui,
N'ayant plus que l'amour d'un enfant de la nuit.
Tel est notre destin. Mais ces pâles ivresses,
Ces reflets affaiblis des divines tendresses,
Malgré leurs deux écueils, le songe et le réel,
Sont encor les reflets les plus puissants du ciel,
Et l'éclair, étranger à l'humanité sombre,
Qui nous révèle un Dieu quand il luit dans notre ombre.
Oh ! laisse donc ma lèvre à ta lèvre s'unir !
Laisse-moi sur ton sein épuiser le désir !
Privés des ailes d'or des célestes phalanges,
Aimons-nous en humains et non comme des anges ;
Et ne pouvant errer aux mers de l'infini,
Sur un tremblant rameau viens bâtir notre nid.
Viens rire et sangloter, aimer sous la charmille,
Ainsi que fit ta mère et que fera ta fille ;
Viens obéir au Maître et verser à ton tour
Ta parcelle de vie au souffle de l'amour.
Se penchant tristement vers nous, ce divin Maître

De la soif de nos cœurs aura pitié peut-être.
Relevant l'anathème à la femme jeté,
Qui veut l'amour du corps pour le fruit enfanté,
Et sans doute apaisant nos idéales fièvres,
Il fera rencontrer nos âmes sur nos lèvres.
Ah! ce baiser des cœurs, ce long baiser de feu
Que cherchent vainement les âmes loin de Dieu !

L'AÉRIENNE

Mon frère, refusons le funeste délire
Que la fatalité fait naître d'un sourire ;
Refusons cet amour, pauvre fils du hasard,
Ayant pour tout soutien l'échange d'un regard.
Gardons-nous qu'il soit dit que le corps nous entraîne ;
Gardons-nous de vider d'un trait la coupe pleine,
Sans chercher à savoir ce que garde le fond
Et si le vase d'or est petit ou profond.
Ne jouons pas ainsi nos pleurs à la légère.
Avant de nous unir, connaissons-nous, mon frère,
Si nous ne voulons point, sur les pas de chacun,
Marcher et sangloter du martyre commun.

LE POÈTE

Je t'ai vue, ô ma sœur, et mon âme blessée
Perdit le souvenir de la douleur passée,

Et ton front ne laissa dans mon être calmé
Qu'un immense désir d'aimer et d'être aimé.

. . . .

. . . .

III

O Provence, des pleurs s'échappent de mes yeux,
Quand vibre sur mon luth ton nom mélodieux.
Terre qu'un ciel d'azur et l'olivier d'Attique
Font sœur de l'Italie et de la Grèce antique;
Plages que vient bercer le murmure des flots;
Campagnes où le pin pleure sur les coteaux;
O région d'amour, de parfum, de lumière,
Il me serait bien doux de t'appeler ma mère.
Il me serait bien doux, par tes soleils de plomb,
Quand, brûlant, je m'assois dans l'aride sillon,
Sous le maigre amandier où chante la cigale
Qui seule frappe l'air de sa note inégale,
D'entendre à son passage un souffle de ton vent
En me baisant au front me nommer ton enfant.
Il me serait bien doux, par tes nuits étoilées,
Soit que je gagne au loin tes roches désolées,
Foulant d'un pas rêveur le genièvre et le thym;
Ou soit que, préférant l'herbe du pré voisin,

Je suive un long sentier que borde l'aubépine;
De sentir sous mes pas frissonner ta poitrine,
Comme un sein maternel tremble d'un long frisson
Au baiser altéré du jeune nourrisson.

On m'a dit que souvent, ô ma blanche Provence,
Tu cherchais des grands bois le frais et le silence,
Et que sur le gazon, sommeillant à demi,
Tu te couchais durant les ardeurs de midi.
Les satyres, cachés sous l'épaisse ramure,
Te contemplent de loin, l'œil brillant de luxure,
Caressant du regard ton front large et vermeil
Où viennent se jouer les feux de ton soleil,
Et ta gorge puissante où la brise de l'onde
Fait flotter au hasard ta chevelure blonde.
D'arbre en arbre, vers toi, glisse un divin enfant.
Retenant son haleine, il se penche, écoutant
Les souffles de ta lèvre et, d'une main tremblante,
Écarte ta ceinture et ta robe flottante.
Quand le voile est tombé sous ses doigts amoureux,
Frémissant, d'un baiser il t'éveille, et tous deux,
Lui le dieu des forêts, toi la blonde déesse,
Des cieux vous échangez la féconde caresse.
O mère, tes amours ont l'éternel printemps,
Et c'est toujours d'un dieu que naissent tes enfants!

Mais, hélas! vers midi, la déesse lascive
Ne s'est jamais pour moi, sur l'odorante rive,

Un instant oubliée au bras de quelque dieu,
Et je ne suis pas né de son baiser de feu.
Tu n'as jamais pour moi dénoué ta ceinture ;
Tu ne m'enfantas pas sur l'épaisse verdure,
Blanche Provence, à l'heure où ton soleil brûlant
D'un long frisson d'amour précipite ton sang.

. . . .

. . . .

Mais, si je suis enfant d'un ciel triste et brumeux,
Nymphe, bien jeune encor, je vis briller tes yeux ;
Et, courant m'échauffer au duvet de tes ailes,
Avide, je suçai le lait de tes mamelles.
Et toi, mère, indulgente et le sourire au front,
Tu ne repoussas pas ce frêle nourrisson ;
Au bruit de tes baisers, tes bras, dans la charmille,
Me bercèrent parmi ta céleste famille,
Et ton regard d'amour fit glisser dans mon cœur
Un reflet affaibli de ta sainte splendeur.
Ah ! c'est de ce regard que moi, l'enfant de l'ombre,
Je vis un astre d'or remplacer ma nuit sombre,
Et sentis de ma lèvre un souffle harmonieux
S'échapper en cadence et monter dans les cieux.
C'est de lui que je tiens ma couronne et ma lyre,
Mon amour des grands bois, des femmes et du rire ;
C'est lui qui m'indiqua les sentiers immortels
Que suivirent jadis tes jeunes ménestrels.
Et, devant ce présent de joyeuse science,
Bien souvent je regrette, ô ma blanche Provence,

Les sublimes effets de ton soleil ardent,
Si le fils adopté se trouvait ton enfant.

Autour d'Aix, la romaine, il n'est pas de ravines,
Pas de rochers perdus au penchant des collines,
Dans la vallée en fleur pas de lointains sentiers,
Où l'on ne puisse voir l'empreinte de mes pieds.
Dans tes champs tour à tour blonde tête mutine,
Jouant sur ta verdure en sa ronde enfantine,
Ecolier échappé de la docte prison
Et jetant aux échos son rire et sa chanson,
Adolescent rêveur poursuivant sous tes saules
La nymphe dont il croit voir blanchir les épaules,
Jusqu'aux derniers taillis j'ai couru tes forêts,
O Provence, et foulé tes lieux les plus secrets.
Mes lèvres nommeraient chacune de tes pierres,
Chacun de tes buissons perdus dans tes clairières.
J'ai joué si longtemps sur tes coteaux fleuris,
Que brins d'herbe et graviers me sont de vieux amis.

. . . .

IV

L'Aérienne, lasse et la gorge brûlante,
Se coucha lentement sur la rive odorante,
Et, comme je restais rêveur sur le chemin,
Près d'elle m'appela des yeux et de la main.
Puis, le regard suivant le flot de la rivière,
Envieuse et penchée :
     — Oh ! j'ai grand soif, mon frère,
Et l'eau coule trop bas pour me désaltérer,
Me dit-elle.
   Et je vis ses grands yeux m'implorer.
Je réunis les doigts et, me baissant vers l'onde,
Je puisai dans mes mains le flot pur pour ma blonde ;
Puis, craignant de laisser quelques gouttes s'enfuir,
Je hâtai doucement mes pas pour revenir ;
Et, fier de l'apporter pleine jusque près d'elle,
Je tendis à ma sœur cette coupe nouvelle.
Avide et m'accueillant d'un rire, elle posa
Sa bouche sur mes mains et d'un trait les vida ;
Et comme j'aperçus que la blonde chérie
De l'œil suivait toujours les flots avec envie,
Je fis jusqu'à trois fois le périlleux chemin,
Et trois fois je sentis ses lèvres sur ma main.

Le soleil s'inclinait vers les collines grises,
Laissant flotter du soir les parfums et les brises.
Longtemps, sur le gazon, nous restâmes sans voix,
Nos regards s'égarant dans le ciel, et parfois,
Lorsqu'ils se rencontraient, échangeant un sourire,
Doux langage des yeux où l'on peut tout se dire.
. . . .
. . . .

1860.

PAOLO

(FRAGMENTS)

I

La foule, à deux genoux devant la Vierge sainte,
Priait dévotement en regardant le ciel.
Les vitraux pâlissaient et les feux de l'autel
N'éclairaient qu'à demi les piliers de l'enceinte.
On était à ce mois où tout rit dans les champs,
Où la terre s'éveille aux baisers du printemps
Et se pare de fleurs, comme la jeune fille
Qui met tous ses bijoux pour un premier quadrille;

Mois des jeunes amours où la vierge, le soir,
Troublée et ne pouvant chasser sa rêverie,
Vient par besoin d'aimer s'adresser à Marie,
S'enivrer des parfums que jette l'encensoir,
Et, comme à quelque amant, prodiguer dans sa fièvre
A son froid crucifix les baisers de sa lèvre.
Filles, filles de Dieu, dans l'ombre des arceaux,
Quand, pâles sous la bure, à genoux et tremblantes,
Vous frappez de vos fronts les dalles des tombeaux ;
Quand l'orgue gronde et jette aux voûtes frémissantes
Ses sanglots, ses soupirs, ses mille voix d'airain ;
Quand l'autel est en feu, que le parfum s'élève,
Que monte un chant d'amour dans le temple divin,
Et, que les yeux noyés, voyant comme en un rêve,
Vous vous courbez encor, sur l'ivoire des croix
La lèvre palpitante et la bouche sans voix :
Dites, oh ! dites-moi, vous les pudiques nonnes,
A qui s'adresse donc ce long embrassement?
Pour qui donc ont pâli vos fronts sous vos couronnes?
Et qui cherchent vos mains, fluettes et mignonnes,
Que paraissent brûler les baisers d'un amant?
. . . .
. . . .

Pendant un mois entier, de pâles jeunes filles
S'agenouillent ainsi devant cet humble autel ;
Et, craignant leurs vingt ans dans les sombres charmilles,
Elles viennent aimer sous les regards du ciel.

Elles sont toutes là, nombreuses et pressées,
Dans le coin le plus noir du vaste monument,
En extase et laissant échapper par moment,
Un cantique d'amour sous les voûtes glacées.
Et l'on dirait alors, aux échos des piliers,
Ouïr sur leurs tombeaux les anciens chevaliers,
Les dames, les varlets, secouant leur poussière,
Dans leurs versets mourants répondre aux saints de pierre.
Se retournant parfois, ses grands yeux effarés,
Une vierge se penche, écoute ces murmures,
Ce chant confus qui sort des chapelles obscures,
Ces roulements lointains dans les parvis sacrés,
Et cherche à distinguer si ces clameurs étranges
Sont les cris des démons ou les lyres des anges.
Mais la faible lueur qui tombe du flambeau
N'éclaire que l'autel. Aux colonnes gothiques,
Elle jette soudain des reflets fantastiques,
Dans l'ombre fait blanchir le marbre d'un tombeau,
Et, venant à jouer sous les sombres portiques,
Semble les agiter comme un mouvant rideau.

. . . .
. . . .

II

Dis-moi, que fais-tu là, t'éloignant des flambeaux,
Forme noire, immobile, appuyée à ces grilles ?

Est-ce toi qui te plais à pousser ces sanglots,
Afin d'épouvanter les folles jeunes filles?
Serais-tu Gabriel ou bien l'Ange déchu?
Viens-tu donc pour prier ou, de ta main maudite,
Voler la coupe sainte et le lin du lévite?
Dans cet angle, oh! dis-moi, fantôme, que fais-tu?

Mais c'est toi, mon Paolo, mon enfant, mon doux frère;
Toi, le fils de cet âge, et qui dans la poussière
N'incline pas ton front que le doute pâlit;
Toi, non l'Ange du mal, non l'Ange de lumière,
Mais l'homme faible et bon, si grand et si petit!
Enfant, l'église est froide et la pierre est humide
Pour celui qui s'arrête à l'autel sans prier;
Et la voûte n'est plus que l'image du vide,
Dès qu'on doute du Dieu qui l'emplit en entier.
Enfant, tu ne crois plus à l'auguste mystère:
Il fait froid, il fait noir; viens, la brise est légère,
Et, parfumé de fleurs, je connais un sentier.

— Non, non, me réponds-tu, cette voûte étincelle.
Je me sens pénétrer d'une sainte chaleur,
Et, pour monter aux cieux, je sens battre mon aile:
Tout est flamme, parfum et chanson dans mon cœur.

Vois-tu la blonde enfant, parmi toutes ces vierges,
Celle qui, radieuse, a croisé les deux mains;

Vois-tu, sur son beau front, la lumière des cierges
Se jouer et former l'auréole des saints.

Oh ! sois ma Beatrix, vierge aux pudiques voiles ;
Descends, viens d'ici-bas arracher ton amant ;
Et, le front couronné de rayons et d'étoiles,
Quittons ce vil limon pour le bleu firmament.

Dans notre élan sacré, montons, montons encore !
Dépassons les soleils, atteignons l'infini !
Qu'en toi de plus en plus l'amour qui te dévore
Resplendisse, et qu'au seuil de l'éternelle aurore,
Tu me jettes à Dieu, palpitant, ébloui ! —

Reste donc, ô Paolo, sous les divins portiques.
Tu peux prier ici, prier à deux genoux ;
Et ton encens à Dieu semblera le plus doux.
Arrière le soudard, sur les dalles antiques,
Qui, riant, fait sonner son bruyant éperon,
Qui jette effrontément à ces vierges pudiques
Ses obscènes lazzi, ses rires de démon !
Arrière le damné, le cavalier infâme,
Ivre, qui se trompant, prend la maison de Dieu
Pour l'ignoble boudoir de quelque mauvais lieu,
Et vient traîner son corps dans le temple de l'âme !
Mais toi, mon doux enfant, qui dans l'ombre ne veux
Que l'adorer de loin, toi dont l'âme est si pure,

Dont le doigt n'oserait toucher sa chevelure,
Oh ! demeure : les saints chanteront dans les cieux.
Car, vois-tu, le Seigneur, non pas ce Dieu colère
Qu'un prêtre sans l'enfer ne saurait nous montrer,
Mais le Dieu de bonté, le Seigneur notre père,
Doit sourire en voyant deux enfants s'adorer.

. . . .

. . . .

La chapelle pâlit et le dernier cantique
A cessé de vibrer dans l'église gothique.
La vierge, se signant une dernière fois,
Du chapelet bénit vient de baiser la croix ;
Et, lente, dans la nuit, la pieuse assemblée
S'éloigne à pas discrets, en silence et voilée.
Paolo qui, du regard, caressait doucement
La fille aux cheveux blonds, Paolo le tendre amant,
Lorsqu'il vit se lever sa chère bien-aimée
Et qu'elle vint à lui, légère et parfumée,
Se blottit, plein d'effroi, derrière un vieux tombeau,
Et ramena sur lui les plis de son manteau.
Certes, le pauvre enfant fut mort, si son amante
Eut su qu'il était là, dans l'ombre palpitant ;
Mais, vague, elle passa, comme une ombre flottante,
En l'effleurant au pied de son long vêtement.
Et l'amant tressaillit et, courbé sur les dalles,
Il adora le sol qu'avaient touché ses pas.
Voyant à la lueur des lampes sépulcrales

Une rose échappée à ses mains virginales,
Il la vola, guettant pour qu'on ne le vît pas.
Puis, il rentra dans l'ombre où, se cachant encore,
Il baisa cette fleur, craintif et frémissant ;
Et, réveillant l'écho de la voûte sonore,
Pour revoir son amante il s'enfuit en courant.

III

Depuis deux ans, Paolo suivait ainsi Marie ;
Depuis bientôt deux ans, le soleil le trouvait
A la porte du vieil hôtel où la chérie,
Dans son repos d'enfant, souriante, rêvait ;
Et l'étoile du soir, dans quelque recoin sombre,
Le surprenait encor, caché, rêvant dans l'ombre,
Les yeux sur la fenêtre où, vague, par moment,
Une forme aux longs plis glissait confusément.
Il s'était fait son chien ; il restait des journées
A l'attendre, pour voir flotter sur ses cheveux
Du ruban de velours le nœud capricieux ;
Et, derrière un vieux mur, ces heures fortunées,
Paolo pour son salut ne les eût pas données.
Puis, dès qu'il l'avait vue, il tâchait de savoir
A quelle heure, en quels lieux, il pourrait la revoir.

Pourtant, nul ne savait pourquoi, sous la charmille,
Paolo restait rêveur jusqu'à la fin du jour.
Il était si prudent, le doux coureur de fille,
Que Marie elle-même ignorait son amour.
Non, jamais le regard de la blonde madone,
Ce long regard songeur, ne s'était un instant
Doucement reposé sur le front de l'enfant.
Jamais, sous les bandeaux, son oreille mignonne,
Dans l'ombre des maisons, le soir n'avait surpris
De lointains bruits de pas sur la dalle affaiblis.
Jamais son jeune sein, en se gonflant plus vite,
Pour un chant, un bouquet, ce beau sein qui palpite,
N'avait dit à son cœur, dans un doux battement,
Qu'auprès d'elle toujours frémissait un amant.

O vierge de seize ans, frêle bouton de rose,
O fleur humide encor des baisers de la nuit,
Dont pour le vent d'été la feuille reste close
Et reçois sans frémir le papillon qui fuit !
Tu ne vois pas briller, quand tu tournes la tête,
Ce long regard d'amour qui cherche en vain le tien ;
Tu n'entends pas ces mots que, frissonnant, répète
Ce grand jeune homme pâle au débile maintien.
Et pourtant si c'était le bonheur de ta vie
Que tes yeux et ta main venaient de dédaigner ;
Si nul tressaillement n'avait fait deviner
A ton cœur que, dans l'ombre, était l'âme choisie ;
Si, tout près de fleurir, l'herbe allait se faner...

Oh ! pour tes pleurs futurs, enfants, qu'on te pardonne !
A peine as-tu seize ans, et ton front chaque soir
Ne connaît qu'un baiser que ta mère te donne ;
L'amour n'a pas encore embelli ta couronne :
Tu fus méchante et folle, enfant, sans le savoir.

Bien des fois cependant, sur sa tête brûlante.
Paolo laissant courir le souffle de minuit,
Sans pouvoir apaiser sa fièvre dévorante,
S'asseyait et pleurait comme un enfant maudit.

. . . .

. . . .

Hélas ! pauvre rêveur, la vision s'efface.
La lumière n'est plus, les feuilles ont jauni ;
Et les souffles du nord dispersent dans l'espace
Les parfums de la fleur et les chansons du nid.
Tu n'es plus dans les champs, mais sur la dalle nue,
Posant parfois la tête aux bornes de la rue.
Tu n'es plus au désert, dans les herbes perdu.
Entends-tu ces cris sourds ? dans la fange, vois-tu,
Affreuses, se traîner ces femmes en guenilles,
Êtres sans nom, jadis rieuses jeunes filles ?
Vois-tu ces noirs ruisseaux, sources d'impureté,
Qui ne sauraient croupir que dans une cité ?...
C'était un songe, enfant. Marie est sur sa couche,
Et son ange gardien veille encore au chevet.
Ce doux titre d'amant, ce n'était pas sa bouche

Qui tantôt sur les fleurs tout bas te le donnait.
Nul songe ne la berce en lui disant : Je t'aime.
Ne t'ayant jamais vu, souriante, elle dort...
. . . .
. . . .

— Oh ! non, murmura-t-il, je ne lui dirai pas,
Que dans chaque sentier je la suis pas à pas.
Jour de Dieu ! si mon ange allait perdre ses ailes !
S'il n'était pas celui qu'il me fallait aimer !
Au lieu de tout bénir, si j'allais blasphémer,
Prostituer mon corps, ces guenilles mortelles,
Et sentir en pleurant mon âme se fermer !
Si les pleurs des vieillards sur leurs amours passées
Étaient des pleurs qu'arrache un amer souvenir !
S'il était vrai qu'un jour les âmes sont lassées
Et que l'amour s'apaise ainsi qu'un vil désir !
Mais peut-être jamais ma lèvre sur sa lèvre
Ne la ferait trembler d'une amoureuse fièvre.
Peut-être elle fuirait, comme un lutin railleur,
Ou passerait, superbe et le front sans rougeur.
Peut-être elle rirait... Oh ! le rire, le rire !
Vent maudit qui soufflette et qui glace le sang,
Arrête sur la lèvre un mot qu'on allait dire,
Passe, fait chanceler et fuir en pâlissant !
Oh ! le rire moqueur de celle qu'on adore,
Que tout semble écouter et jeter aux échos,
Que dans la solitude on croit trouver encore,

Railleur autour de soi, sous la roche sonore,
Derrière le vieux chêne et parmi les roseaux !

— Je blasphème peut-être, ô ma sainte madone !
Toi mon ange si pur, hélas ! je te soupçonne,
Je t'accuse d'avoir un cœur méchant et fier.
Oh ! ne m'écoute pas, mon amie, et pardonne :
Vois-tu, je suis enfant de ce siècle de fer?

Oui, je doute de tout : de la mère penchée
Sur le bord du berceau, gardant son nourrisson ;
De la source limpide où la fange est cachée
Peut-être sous les fleurs qui parent le gazon.

Je doute des lambris suspendus sur ma tête ;
Je doute du plancher qui se trouve sous moi,
Des fleurs et des parfums, du ciel pur d'une fête,
Du Christ au Golgotha, de sa divine loi ;
Je doute de moi-même et je doute de toi !

Je t'ai rêvée, enfant, si céleste et si belle,
Que la moindre souillure à ton blanc vêtement
Me semblerait, hélas ! une tache éternelle ;
Et de ton piédestal, ainsi qu'un marbre frêle,
A mes pieds tu viendrais te briser en tombant.

Reste parmi tes fleurs, reste avec l'auréole
Qui, dans ma longue extase, orne ton front serein.

Qu'importe pour t'aimer une vaine parole,
Une étreinte, un regard ; laissons la vierge folle
Prostituer ses yeux, ses lèvres et sa main.

Je t'aime ainsi, cachant ma joie et ma souffrance ;
Je t'aime belle, chaste, ignorant mon amour ;
Je t'aime et t'aimerai, saintement, en silence,
Dès l'aurore rêvant jusqu'à la fin du jour.
. . . .
. . . .

C'est maintenant, Don Juan, à toi que je m'adresse.
Ne fus-tu pas ce fou qui, du Nord au Midi,
Superbe et désolé, traîna derrière lui,
Comme un roi son manteau, sa fougueuse tendresse ?
De cette pourpre usée et tombant en haillons,
Qui jeta des lambeaux sur chaque épaule nue,
Drapa de son amour la première venue,
Prêtresse de l'orgie ou vierge aux cheveux blonds ?
Ne fus-tu pas ce fou qui, la gorge brûlante,
Au festin d'ici-bas vint un jour s'attabler,
Sur chaque verre d'or posant sa lèvre ardente,
Les boire tour à tour sans cesser de brûler?
Son œil la caressait, lorsque, vermeille et pleine,
Scintillait près de lui la coupe du voisin.
Il la volait, après avoir vidé la sienne,
Avide, tarissait la liqueur d'une haleine,
Et vers d'autres bientôt il allongeait la main.

Hélas! c'est qu'il cherchait un nectar que la terre
Ne peut comme le ciel verser à son enfant.
Au fond il découvrait toujours la lie amère
Et, brisant de dégoût le vase sur la pierre,
Il s'élançait encore, espérant et buvant.
Tant qu'il put avancer, il marcha dans la vie,
Étouffant chaque fleur sous le baiser d'un jour,
Laissant derrière lui l'herbe jaune et flétrie;
Et sa gorge en mourant râla, dans l'agonie,
Dans un dernier blasphème un dernier cri d'amour!

Ah! sublime rêveur, chercheur infatigable,
Qui, te heurtant toujours à la réalité,
Qui toujours bâtissant sur une mer de sable
Et voyant chaque soir l'édifice emporté,
Te remettais à l'œuvre et, de tes mains tremblantes,
Soutenais vainement les murailles croulantes!
Toi qu'une vision ne pouvait contenter,
Qui, sous des traits humains voulait aimer cet ange
Que, vague, te montrait ta rêverie étrange,
Et vivre dans les cieux avant que d'y monter!
Oh! dis-moi, bien souvent, dans ta course insensée,
N'as-tu pas regretté la vierge aux pas tremblants,
Qui, le front sous les fleurs et la tête baissée,
Dans ton sentier de mousse un jour était passée,
Alors que dans tes yeux rayonnaient tes seize ans?
N'as-tu pas regretté cette heure chaste et pure
Où ton premier amour, comme un encens divin,

S'échappait de ton cœur, empêchant la souillure
De monter jusqu'à toi des égouts du chemin?
Ces temps de sainte peur où ton âme ignorante
Ne cherchait pas encore un mutuel amour,
Où tu voyais en rêve une vierge riante
Et, naïf, adorais comme une seule amante
Le songe de la nuit et la femme du jour?

Ah! s'il t'était permis de revivre une vie,
Si tu brisais du front la dalle du tombeau,
Si, Dieu le désirant, tes seize ans de nouveau
Mettaient un frais sourire à ta lèvre pâlie;
Toi le hardi Don Juan, toi le larron d'honneur,
Le héros des balcons, des échelles de soie,
Qui, s'il l'eût bien voulu, du trône du Seigneur,
Convoitant une vierge, eut arraché sa proie:
Ne l'aimerais-tu pas, cette timide enfant?
N'irais-tu pas trembler, blotti sur son passage,
Puis, quand elle aurait fui, te cacher le visage
Pour la revoir encor, souriant et pleurant?
Dis? ne voudrais-tu pas l'adorer en silence,
Lui laisser ignorer ton nom et ton amour,
En avare garder cette ardente souffrance
Que l'on souffre la nuit dans l'attente du jour?
Tu resterais sans voix devant cette madone;
Oui, tu préférerais ce beau songe doré,
Toi qui sus quel limon la réalité donne,
Qui, pour avoir tenté, mourus désespéré.

Tu l'aimerais, Don Juan, mon amante inconnue,
Toujours, et sans vouloir que son corps fût souillé,
Sans chercher à mêler, sur sa poitrine nue,
Dans un baiser son âme à ton âme éperdue :
Tu l'aimerais, Don Juan, près d'elle agenouillé !

IV

C'est auprès d'un rempart, noirci, rongé de lierres,
Dont le vent chaque jour ébranle quelques pierres,
Dans un recoin perdu de l'antique cité,
Où les lézards craintifs glissent en liberté.
De vieux hôtels verdis, des dalles ébréchées,
Des colonnes gisant, dans les herbes couchées ;
Un silence que rompt de loin en loin les pas
D'un passant égaré.

   Cette sombre mesure
Dont les vieux murs ont peine à porter la toiture,
Depuis quelque cent ans qui se dresse là-bas,
Sur le bord d'un ruisseau, dans la ronce et l'ortie,
Est la noire demeure où sommeille Marie.

Les cieux sont étoilés et, des prochains sillons,
Vient avec ce parfum de sauge et d'églantine

Qui s'élève des bois quand le soleil décline,
Le chant continuel et strident des grillons.
Voici minuit qui sonne à l'église voisine.
Le son pleure, s'éteint : le silence est profond.
Comme un divin flambeau, derrière la colline,
La lune lentement montre son pâle front.
Ces lieux tristes le jour, tristes comme la plaine
Que vient de dévaster l'orageux aquilon,
A cette heure de nuit, de lumière incertaine,
De silence et de paix, ont la sainte beauté
Des marbres des tombeaux dans leur tranquillité.

Paolo, resté caché parmi de vieilles dalles,
S'approche enfin du seuil aux marches inégales,
Lentement et craignant qu'un regard curieux
Ne le guette dans l'ombre et ne lise en ses yeux.
Il se couche à demi, comme le chien fidèle
Qui garde le sommeil de son maître adoré,
Il se couche en travers sur la porte de celle
Dont même pour l'amour le repos est sacré.
Ses regards sont rêveurs ; la fraîcheur est si douce,
Le ciel si lumineux, le pavé si désert !
Derrière le rempart, comme un lointain concert,
Chante une voix d'oiseau gazouillant dans la mousse.
Tranquillité sacrée, es-tu pas le bonheur ?
Calme, pâle clarté, chant voilé de la lyre,
Êtes-vous pas le ciel, vous qui faites sourire
Cet enfant amoureux courbant son front rêveur ?

Longtemps, il demeura sur cette dure pierre,
Plongeant ses doigts fiévreux dans le froid du gazon ;
Longtemps, le même rêve à sa longue paupière
Mit une douce larme, une larme de mère
Aux premiers pas tremblants que fait son nourrisson.
Quel était donc ce rêve? et pourquoi ce sourire?
On ne sait. Il resta des heures sans rien dire.
Puis, il saisit le seuil de ses bras convulsifs,
Et baisa la poussière où les pas de Marie
S'étaient la veille empreints, tout petits et craintifs.

D'une pointe de fer, sur la dalle noircie,
Paolo se mit ensuite à graver quelques mots.
Il travailla longtemps, jusqu'aux clartés naissantes,
Au fond de ce désert, où des brises errantes
Dans l'ombre soupiraient leurs amoureux sanglots.
Et, lorsqu'il se leva, qu'aux rayons de la lune
Il vit les mots blanchir sur cette marche brune ;
Lorsqu'il put épeler, d'un ton tremblant et doux,
Au seuil du vieux logis ce qu'il venait d'écrire,
Il entendit l'écho lentement le redire.

— Je t'aime ! — Et, sur le seuil, il fléchit les genoux.
. . . .
. . . .

Oh! Seigneur, Dieu puissant, créateur de ces mondes
Qu'enflamma ton haleine, éclatantes lueurs ;

Toi qui, d'un simple geste, animes et fécondes
Nos ténébreux néants, nos poussières immondes,
Qui tiras du limon de saints adorateurs !

Toi, le sublime Artiste, amant de l'harmonie,
Créant des univers qui les créa parfaits,
Qui depuis la forêt à la gerbe fleurie,
Depuis le noir torrent à la goutte de pluie,
Dans un ordre divin répandis tes bienfaits !

Toi, le Seigneur d'amour, de vie et d'espérance,
Qui ne dus pas jeter, en un jour de malheur,
Sur des êtres mortels l'immortelle souffrance,
Et lancer loin de toi, dans la carrière immense,
Le monde, sans prêter l'oreille à sa douleur !

Maître, toi qui voulus que cette créature,
Dont le front a gardé l'empreinte de ta main,
Sous ton souffle marchant dans ta sainte nature,
Rencontrât sous ses pas des tapis de verdure,
Pour reposer ses pieds des ronces du chemin !

A l'homme triste et seul, toi qui donnas la femme,
Qui secouas sur eux ton céleste flambeau,

D'une pure étincelle, échappée à sa flamme,
Qui fis jaillir l'amour, et qui leur mis dans l'âme
En même temps le bon et le juste et le beau !

Qui cachas sous les fleurs les sanglantes épines,
Qui par pitié pour nous, dans ta sainte bonté,
Nous montras ce rayon des voluptés divines,
Et voulus que l'amant, dans nos temps de ruines,
Fût le dernier croyant de ta divinité !

Oh ! mon père, merci ! Laisse courber la tête
A l'enfant qui jamais ne la courbe au saint lieu ;
Laisse le chant d'amour que ma lèvre te jette,
Monter jusqu'à tes pieds, comme un hymne de fête ;
Laisse-moi reconnaître et mon âme et mon Dieu !

Oui, je bénis ta droite, à genoux je t'adore,
Je me prosterne au sein de ta création.
Mon âme est immortelle, un Dieu la fit éclore ;
  Le feu qui me dévore
Ne saurait s'échapper d'un infâme limon !

Cet amour qui me brûle est la flamme divine
Qui depuis six mille ans régit cet univers.

Sur les chants d'ici-bas, c'est le chant qui domine,
Et mon âme devine
Un puissant Créateur dans ces divins concerts !

Oui, je te reconnais, toi qui mis dans mon être
Ce feu pur dont l'ardeur me rapproche de toi.
Je ne maudirai plus le jour qui m'a vu naître,
Et je veux, ô mon Maître,
Comme un timide enfant me courber sous ta loi !

Je m'incline devant ta sainte Providence,
Je comprends les parfums, les chants et la clarté,
Et je comprends en toi la suprême puissance,
L'éternelle clémence,
Pour verser à nos cœurs l'éternelle beauté !

Oui, si tu fis nos corps d'eau saumâtre et de fange,
Tu voulus partager ton haleine avec nous ;
Car je me sens ici mener un songe étrange
Et vouloir comme un ange
Monter avec Marie au ciel, à tes genoux !

Je sens que cette haleine est une âme immortelle,
Que la terre n'est pas son bien-aimé séjour,

Que, jointe à l'âme sœur, l'éternité l'appelle,
  Et qu'il faut qu'un coup d'aile
Nous emporte à tes pieds pour nous donner l'amour !

Ah ! pour l'éternité qu'errantes dans les nues,
Nos âmes, se mêlant dans un baiser de feu,
Sans les honteux désirs de nos chairs éperdues,
  Dans la bière étendues,
Aiment de ton amour, ô mère de mon Dieu !

1860.

FIN DE L'AMOUREUSE COMÉDIE.

A MON AMI PAUL

La prose n'est point sotte, et, — disons-le tout bas, —
Le plus souvent les vers sont de la sotte prose,
De lourds empâtements de vert tendre et de rose,
Des suites d'adjectifs, des oh ciel! des hélas!
Un orgueilleux jargon où le pauvre poète
Vous dit tout, — excepté ce qu'il a dans la tête.

C'est absurde, c'est plat. Et pourtant, jeune fou,
Voici que je rimaille, allant je ne sais où,
Suant longtemps parfois pour trouver une rime,
Prenant à chaque vers une pose sublime,
Et, — pourquoi le cacher? — croyant de bonne foi
Qu'il n'est pas de poète aussi tendre que moi.

C'est que je crois encore à mille niaiseries,
Aux femmes, à l'amour, aux bleuets des prairies,
Et que je ne sais pas que, lorsque vient la faim,
Mon beau rêve doré ne donne pas du pain.

Allez, allez, mes vers! bons ou mauvais, qu'importe!
Si du monde idéal vous m'entr'ouvrez la porte,
Si vos grelots d'argent me rappellent parfois
Le bal mystérieux des sylphides des bois.
Allez et divaguez. Mes fleurettes mignonnes,
Je veux faire de vous de riantes couronnes,
Des bouquets parfumés, des guirlandes de fleurs.
Hélas! ils n'iront point parer de tendres cœurs;
Ils n'iront point, cachés sous la fine dentelle,
Effleurer le beau sein de quelque demoiselle,
Brûler sa blanche gorge et palpiter, pressés
Sous les bonds de son cœur, comme sous des baisers.
Je ne suis qu'un poète, et ma maîtresse blonde
Est fille de la flamme ou bien fille de l'onde.
Je ne la vois jamais que dans l'âtre brûlant,
Salamandre joyeuse au voile étincelant,
Ou dans l'eau du torrent qui tombe des collines,
Riante sur l'écume au milieu des ondines.
Mon pied n'a pas heurté des sophas de boudoir;
Et, comme on passe auprès d'un mendiant, le soir,
Redoutant que la main qui demande, ne prenne,
Les femmes ont passé, s'enfuyant dans la plaine.
Calme et serein, voyant leurs yeux se détourner,
J'aime un bel idéal qui ne se peut faner.

Mais si mes faibles mains, ô couronne embaumée,
N'ont pas tressé vos fleurs pour une bien-aimée,
Si je n'ai pas mêlé mes vers capricieux

Pour faire un seul instant sourire deux beaux yeux,
O mon humble bouquet, c'est qu'il est par le monde
Un cœur que je préfère au doux cœur d'une blonde,
Un tendre et noble cœur sur lequel aujourd'hui
Je vous mets, pour distraire un instant son ennui.
Allez vers mon ami, car sa mâle poitrine
Est préférable aux seins d'une gorge enfantine,
Et vous brillerez mieux sur son noir vêtement
Que parmi les bijoux d'un corsage charmant.

Mais où suis-je, bon Dieu! Je viens de me relire,
Et ces vers, commencés par un éclat de rire,
Se terminent, fleuris, par un plaintif accord,
Comme un flot apaisé qui vient baiser le bord.
Insensé! je voulais railler la poésie,
Et je reprends bientôt ma chère rêverie;
Moi qui voulais, ce soir, être sage et prudent,
Voici que je me perds dans la nue en montant.
Pardon, mon vieil ami, si ma cervelle folle
S'égare et prend toujours le chemin de l'école ;
Pardon, si je n'ai pu te distraire un moment,
Me faire mieux comprendre et parler sagement.

Lycée Saint-Louis, 1858.

CE QUE JE VEUX

Ce que je veux, sur le coteau,
C'est, lorsque Mai vient nous sourire,
Une cabane qui se mire
Dans le miroir clair d'un ruisseau ;

C'est un nid perdu sous les branches,
Où ne conduise aucun chemin,
Un nid qui n'ait d'autre voisin
Que le nid des colombes blanches.

Ce que je veux, à l'horizon,
C'est, au pied d'une roche grise,
Un bouquet de pins dont la brise
Le soir apporte la chanson ;

C'est une suite de vallées,
Où les rivières, dans leurs jeux,
Errent d'un pas capricieux,
Blanches sous les vertes feuillées ;

Où les vieux oliviers songeurs
Courbent leurs têtes grisonnantes ;
Où les vignes, folles amantes,
Grimpent gaîment sur les hauteurs.

Ce que je veux, pour mon royaume,
C'est à ma porte un frais sentier,
Berceau formé d'un églantier
Et long comme trois brins de chaume ;

Un tapis de mousse odorant,
Semé de thym et de lavande,
Seigneurie à peine aussi grande
Que le jardinet d'un enfant.

Ce que je veux, dans ma retraite,
Créant un peuple à mon désert,
C'est voir, sous le feuillage vert,
Flotter mes rêves de poète.

Mais, avant tout, ce que je veux,
Sans quoi j'abdique et me retire,
Ce que je veux, dans mon empire,
C'est une reine aux blonds cheveux ;

Reine d'amour à la voix douce,
Au front pensif, aux yeux noyés,
Et dont les mignons petits pieds
Ne fanent pas mes brins de mousse.

Aix, mai 1859.

NINA

Ami, te souviens-tu de la tombe noircie,
Tout au bord d'une allée, à demi sous les fleurs,
Qui nous retint longtemps et nous laissa rêveurs.
Le marbre en est rongé par les vents et la pluie.
Elle songe dans l'herbe et, discrète, se tait,
Souriante et sereine au blond soleil de mai.

Elle songe dans l'herbe, et, de sa rêverie,
La tombe chastement, à ceux qui passent là,
Ne livre que le nom effacé de Nina.

Ah! garde ton secret, pauvre petite pierre,
Et laisse se vanter tes orgueilleuses sœurs
De couvrir de leur marbre une illustre poussière :
Ton silence en dit plus que leurs regrets menteurs.
Je suis las de ces morts vivant au cimetière

Et pleurés en public par de bruyants sanglots.
J'aime à trouver en toi la pudeur des tombeaux.

On la nommait Nina, la pâle ensevelie.
Dis, combien de baisers lui donna le printemps ?
Dans quel rêve s'est-elle à jamais endormie ?
Qui fit-elle souffrir ? qui pleure ses quinze ans ?
On ne sait. L'enfant dort sous les fleurs, et la terre
Lui fait de mousse verte un pudique suaire,
Et, lorsqu'on l'interroge, à voix basse répond :
« On la nommait Nina, je ne sais que son nom. »

Eh bien ! c'en est assez pour le cœur du poète.
Un nom gai sur la lèvre et parfumé d'amour
Suffit pour le sourire et le rêve d'un jour.
La mort n'a que seize ans, quand la tombe est muette.
D'hier elle est couchée, et son front virginal
Porte encore au cercueil la couronne du bal.

Laisse-moi te ravir ta blanche fiancée,
Dalle froide où Nina berce son long sommeil.
Je veux jusqu'au matin attendre, à son réveil,
Le rire du salut sur sa lèvre glacée.
Laisse-moi l'évoquer, l'aimer selon mon cœur,
Lui donner blonds cheveux, œil noir, mignonne bouche,
Et, la faisant lever à demi sur sa couche,
Au front laisse-la-moi baiser comme une sœur.

. . . .
. . . .
Ami, te souviens-tu, nous la rêvâmes belle,
Et depuis, bien souvent, sans jamais parler d'elle,
Nos regards se sont dit, dans un dernier regret :
« Si je l'avais connue, oh! Ninette vivrait! »

1859.

VISION

Est-ce une enfant blonde, est-ce un rêve,
Un fantôme, une fleur d'amour,
Que je vis un soir sur la grève,
Comme un blanc parfum qui s'élève,
Flotter sous les baisers du jour?

Est-ce une rêveuse indolente,
Une amoureuse d'ici-bas,
Qui, sur la vague murmurante,
Suivait la forme souriante
D'un amant lui tendant les bras?

Est-ce, souriant à l'aurore,
Le bouton espérant demain?
Est-ce la fleur qui vient d'éclore,
Parfumée et brillante encore,
Déjà gisant sur le chemin?

Est-ce notre humaine misère,
Nos vains rêves, nos vains regrets,
Et notre éternelle chimère,
Qui se dessèche et tombe à terre
Comme la feuille des forêts ?

Des amoureux est-ce une fée,
Qui les protège nuit et jour,
Et qui, de romarin coiffée,
Mêlait à la brise étouffée
Son haleine, philtre d'amour ?

Est-ce une ondine blanche et frêle,
Aimant un enfant de la nuit,
Et souhaitant, pauvre immortelle,
S'il n'était immortel comme elle,
D'être mortelle comme lui ?

. . . .
. . . .

Je ne sais. A terre, muette,
   Elle inclinait le front,
Effeuillant une pâquerette,
   Cueillie au bas du vallon.
Sa main cruelle et virginale
Laissait tomber chaque pétale
   A l'abîme sans fond.

Sanglotant et courbant la tête
 Vers les flots destructeurs,
Elle voulait à la tempête
 Alors reprendre ses fleurs ;
Puis, retournait dans la prairie
Cueillir une gerbe fleurie,
 Pour apaiser ses pleurs.

Et bientôt, avec un sourire,
 Au vent elle jetait,
Dans son insoucieux délire,
 Feuille à feuille son bouquet ;
Et, lorsque sa main était vide,
De nouveau sur le sable humide
 Penchée, elle pleurait.

Si tu n'es qu'une enfant mortelle,
 Belle Ève aux blonds cheveux,
Prends-moi comme une branche frêle,
 Pour t'égayer en tes jeux ;
Et, brisé dans ta main rieuse,
Jette-moi, bientôt dédaigneuse,
 Dans les flots orageux.

Pour toi, je consens à la boue,
 Au bonheur passager,
Légère paille dont se joue
 Un vent volage et léger.

Pour toi, je veux être l'étoile,
A ton gré pure, ou qui se voile,
S'il te plaît de changer.

Et pour ma liberté perdue,
Comme la pâle fleur,
Je veux, à tes cils suspendue,
Une larme de douleur.
Quand je tomberai dans l'abîme,
Je veux pour ta triste victime
Un regret dans ton cœur.

Mais si tu voles immortelle,
Déesse aux blonds cheveux,
Oh! par pitié, que sur ton aile
Tu m'emportes dans les cieux!
Je serai ton jouet encore,
Et tu pourras à chaque aurore
Me briser si tu veux.

Je serai l'atome de fange
Qui voltige au soleil,
Et qui, sous le souffle de l'ange,
Monte et redescend vermeil.
Je serai la blanche couronne,
Que, fraîche, à ton front de madone,
Tu mets à ton réveil.

Et, si tu penses que les roses
    Ont perdu leur fraîcheur,
Qu'elles pâlissent trop écloses,
    Sans parfum et sans couleur,
Bien loin de toi, dans un coin sombre,
Jette alors ces filles de l'ombre,
    Belles de ta splendeur.

. . . .
. . . .

Est-ce une enfant blonde, est-ce un rêve,
Un fantôme, une fleur d'amour,
Que je vis un soir sur la grève,
Comme un blanc parfum qui s'élève,
Flotter sous les baisers du jour.

1859.

A MES AMIS

Mon démon familier, mon sylphe aux ailes roses,
Est venu ce matin, sur mes paupières closes,
Poser le bout du doigt, et, pour mieux m'éveiller,
Comme un oiseau chanteur se mettre à babiller.

« O mon bel endormi, murmura-t-il, l'aurore
M'a fait abandonner la fleur qui vient d'éclore.
Au firmament, les plis du manteau de la Nuit
Dans l'ombre du couchant disparaissent sans bruit ;
Et, voulant t'apporter la goutte de rosée
Qu'un baiser de ma mie aux lèvres m'a laissée,
Je me suis dit : Courons chercher mon paresseux,
Mon poète, et dans l'herbe égarons-nous tous deux.
Ne viens-tu pas ? la brise est parfumée et douce.
Près de l'eau, je connais un long sentier de mousse :
Nul gravier, nulle épine ; un sentier de rêveurs.
Le limon de la rive est caché sous les fleurs.

Nous n'aurons pour tous bruits que la plainte de l'onde,
Le vent, le chant lointain de quelque fille blonde,
Accompagné des coups réguliers du battoir
Et des grelots des bœufs qui vont à l'abreuvoir.

Oh ! viens, nous nous perdrons follement dans les herbes,
De verdure et de fleurs cueillant de grosses gerbes ;
Puis, nous irons à l'ombre ensuite nous asseoir
Et nouer en bouquets nos bleuets jusqu'au soir.
Viens vite... Mais pourquoi sur ton lit, ô poète,
Rester les yeux en pleurs et la bouche muette ?
Quel cauchemar a donc enfanté ton sommeil,
Pour demeurer ainsi morne et pâle au réveil ?
Pleures-tu les vers faux écrits dans ta jeunesse ?
Entre les bras d'un autre, as-tu vu ta maîtresse ?
Un maladroit, du coude, aurait-il sur le sol
Versé ton verre plein d'un vieux vin espagnol ?
N'importe ! puisqu'au fond de la lointaine allée,
Pensif, tu ne viens pas errer sous la feuillée,
Frère, puisqu'il te plaît de rester aujourd'hui,
Je veux par mon babil égayer ton ennui.

Fais-moi place, parlons de tes jeunes années,
De ces heures d'amour de roses couronnées ;
Parlons de Gratienne, et redis-moi tout bas
Ce que chantait ton cœur, quand tu suivais ses pas.
Dis-moi quel soir brûlant et sous quelle avenue,
Comme un enfant de l'air, vague, elle est apparue ;

Ce qui te fit frémir soudain, et chanceler,
Et la baiser de loin du regard, sans parler ;
Tout en marchant, pour voir vaguement, à la lune,
Sur sa nuque d'enfant jouer la natte brune...

Mais, mon poète aimé, quel est donc le tourment
Qui pâlit de nouveau ton visage charmant?
Des pleurs et des sanglots! quelle blessure ancienne
S'est rouverte en ton cœur, au nom de Gratienne?
Allons, ne pleure plus ; parlons de tes amis,
Parlons du seul espoir que le ciel t'ait permis,
Et toi qui ne crois plus qu'en cette amitié sainte,
Toi que l'amour brisa dans une seule étreinte,
Et que n'éveille plus le grand mot d'avenir,
O mon poète, écoute et tes pleurs vont tarir !

Ah! tu souris déjà. Sous le ciel de Provence,
Te souviens-tu, dis-moi, des jours de ton enfance.
Vous étiez trois enfants vous tenant par les mains,
Vivant au grand soleil et battant les chemins.
Les marmots ont grandi ; leurs frêles mains serrées
Jamais un seul instant ne se sont séparées.
Te souviens-tu ? Le soir, près du clos des Chartreux,
Lorsque vous promeniez vos rêves d'amoureux,
Vous croyez voir soudain se glisser à la lune,
Allant au rendez-vous quelque marquise brune ;
Et vous couriez, et l'ombre, en s'évanouissant,
N'était plus qu'un rameau dans la nuit blanchissant... »

Et, longtemps, mon démon, mon sylphe aux ailes roses,
Bavarda, remua toutes ces vieilles choses,
Et, quoique tout en pleurs, longtemps je lui souris
Car il parlait de vous, ô mes deux vieux amis !

Lycée Saint-Louis, 1858.

LE DIABLE ERMITE

J'estime qu'un conte badin,
En hiver, par un temps de pluie,
Lorsqu'on se chauffe et qu'on s'ennuie,
Est un remède souverain
Pour chasser la mélancolie.
Le corps perdu dans le duvet,
Et les deux pieds sur un chenet,
On regarde briller la flamme;
Et, par le doux conte bercé,
On entend chanter dans son âme
Quelque souvenir effacé
Ou quelque rêve caressé.
— Hélas! chère et tendre madame,
Puisque d'éternelles amours
N'ont duré que quinze grands jours;
Puisque d'hier le gai sourire
A fait place au long bâillement;
Et que votre cœur qui soupire,

Toujours trompé, toujours trompant,
En est déjà, pour se distraire,
A regretter quelque misère,
A souhaiter quelque tourment :
Approchez-vous du feu, ma mie ;
Au bruit du vent et de la pluie,
Écoutez ce récit galant ;
Et, dans un sourire peut-être,
Nous verrons nos baisers renaître,
Nos amoureux baisers d'antan.

Un saint ermite de Boccace
But et mangea si bien un jour,
Qu'il en resta mort sur la place.
De tous les moines d'alentour,
Notre frère, défunt Pancrace
Était certes le plus fleuri,
Le plus rond, le plus rebondi.
Sur sa vermeille et large face,
Grosses lèvres, regards brillants,
On lisait que l'excellent père
Ne boudait pas contre son verre,
Moins encor contre les seins blancs
D'une mignonne de seize ans.

Las ! l'honneur de la confrérie,
La gloire et la fleur du couvent

A terre est là, privé de vie,
Ventre gonflé, face bouffie,
Comme une outre pleine de vent !
Las ! mai viendra dans le bocage
Fleurir de nouveau le feuillage,
Et jamais plus le jus divin
Ne fleurira le nez du sage,
Dans la tombe cuvant son vin !
Las ! demain la fillette preste,
En état de péché mortel
Et brûlant de gagner le ciel,
Devant ce spectacle funeste,
Frustrée et rebroussant chemin,
De peur de l'éternelle flamme,
Devra chercher la paix de l'âme
Chez son amant le plus voisin !

Or, par aventure, un vieux diable
Vint à passer par le canton,
Et vit le joyeux compagnon
A jamais roulé sous la table.
C'était d'ailleurs un bon démon,
Las du métier, las des chaudières,
Las de ses belles les sorcières,
Las de son enfer, en un mot.
Il désirait changer de vie
Et troquer sa queue au plus tôt,
Ses cornes et sa peau roussie,

Contre des habits plus décents,
Qui ne fissent pas fuir les gens.

— Hélas! dit après un silence,
Le diable presque agenouillé,
Ce bon père est mort d'abstinence :
Droit au ciel il s'en est allé.
Rien n'est tel qu'un pauvre ermitage,
Que la bure et que les pieds nus,
Pour avoir toutes les vertus
Et tous les bonheurs en partage !
Du paradis c'est le chemin,
Et je veux tenter du moyen.
L'occasion est favorable ;
Coupons nos attributs de diable
Et prenons le dur vêtement,
La face et l'aspect vénérable,
De ce fils du bleu firmament.
Tous prîront pour l'excellent père,
Tous me prendront pour le défunt,
Et, par une vie exemplaire,
Vers le ciel, ainsi que ce frère,
Je monterai comme un parfum.
L'unique point qui m'embarrasse
Est une odeur de cuir roussi,
Puis, les jurons et la grimace
Qui me décèlent quand je passe,
Et vont me déceler ici.

Prions. Pour lever cet obstacle,
Dieu voudra bien faire un miracle.

Rien n'est plus innocent, dit-on,
Que jeune fille et vieux démon.
Pour la naïveté, le nôtre
Eut rendu des points à tout autre.
Il croyait, le simple garçon
A la vertu du monastère,
Et prétendait qu'un solitaire
Dînait avec une prière
Soupait avec une oraison.
Il prend le défunt et l'enterre ;
Passe son froc ; puis, au menton,
Pour compléter l'illusion,
Il se colle une barbe noire ;
Veille toute la nuit sans boire ;
Pousse son œuvre méritoire
Jusqu'à faire un saint tout de bon ;
Dévore une amère racine ;
Et, de bonne foi, sur l'échine,
Finit par se rompre un bâton.

Comme il lisait son bréviaire,
Soudain parut, le lendemain,
Jeannette, la belle fermière.
C'était une ronde commère,
Lèvre amoureuse, blanche main,

Jupe fort courte, jambe fine,
Et flottant fichu de satin,
Sous lequel le regard devine
Une gorge à damner un saint.

— Mon bon père, dit la mâtine,
D'un air et d'un ton doucereux,
J'ai besoin de votre assistance.
J'ai de gros péchés, et je veux,
Par une longue pénitence,
Fléchir la colère des cieux.

A l'aspect de cette coupable,
De ce morceau frais et friand,
Sous la bure, frère Satan
Sentit se réveiller le diable.
Ayant fait vœu de chasteté,
Et de le rompre fort tenté,
Saintement il baissa la tête,
Pour ne plus regarder Jeannette
Étalant trop de nudité.
Puis, ayant dit maintes prières
Contre le charnel aiguillon :
— Que vos fautes vous soient légères !
Dit-il gravement au tendron.
Vite, à genoux, fille damnée,
Et demandez votre pardon.

La galante, tout étonnée,
D'un regard sournois compara
Le doux lit et le sol de boue ;
Puis, frustrée, en faisant la moue,
A contre cœur s'agenouilla.

— Enfant, poursuivit frère Diable,
D'un ton de suprême cafard,
Et voilant toujours son regard,
Enfant, qui bâtit sur le sable,
Se voit sans maison tôt ou tard.
Cette terre n'est qu'un passage,
Une mer aux flots orageux,
Et dont le ciel est le rivage.
Attendez donc d'être à la plage,
Ma fille ; et, dans vos tristes jeux,
Ne jetez pas sur l'onde amère,
Au vent d'impures passions,
D'inutiles fondations.
Croyez-moi, ma fille...
     — Oui, mon père,
Soupira Jeanne tristement,
Mais...
   — Mais, dit l'autre en s'échauffant,
Le Seigneur voit tout sur la terre.
Si vous écoutez moins souvent
L'âme que la vile matière,
Il vous damnera, mon enfant.

La fermière, mal à son aise,
Convoitait au moins une chaise.
Le discours lui parut fort long.
Et comme Satan, le bon père,
Tout exalté par son sermon,
Jubilait, en voyant saint Pierre
Introduire enfin un démon.
D'un ton décidé la commère :
— Changeons de conversation,
Reprit-elle. La fois passée,
Vous m'avez certes confessée
Suivant toute une autre façon,
L'affirmant la plus exaucée
Des prières faites à Dieu.
Las ! il faut bien souffrir un peu,
Ajouta la belle hypocrite,
Effacer le péché mortel,
Et par là mériter le ciel.

A ce discours, le diable ermite
Pensa tout bas que le défunt,
Homme de sainteté sans doute,
Suivait quelque nouvelle route,
Pieuse et sortant du commun.
Il fut enflammé d'un saint zèle.
— Voyons si vous êtes fidèle
A vous rappeler nos leçons.
Dites comment nous confessons.

Alors, instruite à bonne école,
Joignant le geste à la parole,
Elle dit : — Vous vous approchez,
Et, sous votre lèvre brûlante,
Sous votre main qui me tourmente,
S'effacent les petits péchés.
Mais, pour mettre le reste en fuite,
On ne peut aller aussi vite.
Lorsqu'on accuse un gros délit,
Dieu sait s'il faut que l'on s'agite !
Parfois s'obstine le maudit ;
Et longtemps je peine, je sue,
Pour enfin le mettre à la rue.
De la grâce alors la douceur
M'inonde... Oh ! j'ai péché, mon père,
Et ma faute me désespère :
Venez ou je meurs de douleur !

Tartufe n'était pas un ange
Et notre diable moins encor.
Pour ne pas céder à la fange,
Il fit un long et vain effort.
Docile aux leçons de Jeannette,
Loin de prévoir le dénouement,
Il exécutait la recette,
Tout d'abord très dévotement.
Sur son ordre, il l'avait pressée
A perdre haleine entre les bras,

Et même quelque peu pincée
A certain lieu qu'on ne dit pas :
Le tout, sans mauvaise pensée.
Mais, bientôt, ces tendres appas,
Cette voluptueuse étreinte,
Firent naître une ardeur moins sainte
Dans l'âme de notre démon ;
Si bien que, lorsque la galante,
Dénouant son dernier jupon,
Se pendit à lui frémissante,
Le bon diable, la lèvre en feu,
Et ne pensant plus guère à Dieu,
Trouva cette façon plaisante
D'ouïr et d'absoudre un aveu.
Celui qui tenta notre mère,
A son tour ainsi fut tenté ;
Et, près de la brune commère,
Satan, comme un vertueux frère,
Vint se damner de volupté.

La bataille fut longue et chaude,
Entre le céleste pardon
Et les péchés de la ribaude.
Son chapelet devint si long,
Que les commères du canton
Ensemble eussent subi, je pense,
Une moins dure pénitence.
Toujours dans un repli caché

De son cœur, la grande coupable
Découvrait un nouveau péché ;
Et, gémissante, à frère Diable
Le pardon, vite, en demandait,
Puis, vite, un autre en confessait.

— Pardon ! criait notre amoureuse,
Pardon ! je suis voluptueuse,
Je suis gourmande, paresseuse !
Pardon pour mes mille défauts !
Avarice, envie et colère,
Pour tous les péchés capitaux,
Pardon, pardon, pardon, mon père !

— Peste ! dit enfin le démon,
Jeanne, vous êtes trop coupable.
Je n'ai plus d'absolution.
Vous irez bel et bien au diable,
Car tout un cloître ne saurait
Absoudre en vous chaque méfait.
Or çà, décampez-moi, ma bonne !
Je viens, je crois, Dieu me pardonne !
De me perdre comme un soudart ;
Et je commence pour ma part
A soupçonner qu'un ermitage
Est un terrible et mauvais lieu,
Moins sûr que l'enfer et son feu,
Pour un diable pieux et sage.

Le défunt maître de céans,
Que Dieu me garde de médire !
M'a tout l'air d'avoir, dans son temps,
Aimé les baisers et le rire.
Dans le brasier qui le doit cuire,
Le digne homme a pu s'égayer
De voir un vieux diable prier,
Jeûner, même monter en chaire,
Le tout pour se damner enfin
De la même façon qu'un saint.
Foin de l'habit de solitaire !
Et retournons à ma chaudière
Pour fléchir le courroux divin.
Quant à ces pieux monastères,
Je crois que cordes et rosaires
Y sont plus rares que jupons,
Patés, poulardes et flacons,
Et qu'à l'école des bons pères
Il faut envoyer nos démons.

1859.

RELIGION

Est-ce un crime, dis-moi? suprême Intelligence,
De vouloir pénétrer ta sainte Providence;
De questionner sur toi tes enfants et ton ciel;
De briser pour te voir l'hostie à ton autel;
Inquiet de mes vingt ans, au seuil de la carrière,
De donner une larme à l'humaine misère,
Et, feuille abandonnée aux bises du matin,
De tournoyer, cherchant mon principe et ma fin.
Vois, je suis faible et nu. L'ouragan m'épouvante.
Il passe en emportant ma raison chancelante.
O Dieu, mes mains vers toi montent dans le danger,
Et, ne pouvant prier, j'ose t'interroger.

Pourquoi la créature, ô Créateur, mon Maître?
Les êtres, du néant, demandaient-ils à naître?
Avant les sept grands jours, devant toi, du chaos,
Soudain vis-tu cesser le ténébreux repos?

Le vis-tu tressaillir comme une femme enceinte,
Et, sanglotant d'amour, d'amertume et de crainte,
Éperdu, voulut-il, sous ta divine main,
Mettre au monde l'enfant palpitant dans son sein?
Ne fis-tu que céder, Opérateur sublime,
A ces frémissements s'élevant de l'abîme?
Passagère faiblesse, hélas! d'un Dieu trop bon!
Oui, tu ne pus sans doute épurer ce limon,
Ce marais corrompu dans une nuit profonde;
Et, selon son désir, le misérable monde,
Ainsi qu'un marbre impur sous un ciseau divin,
Vicieux et souillé, traîné par le chemin,
Mais portant à son front l'empreinte du génie,
De ta main, s'élança dans sa route infinie.
Et toi, Maître, penché, tu le regardas fuir.
Ton esprit prévoyant déroula l'avenir,
Et tu pleuras sur lui, contemplant ce mélange
De rayons éclatants et de honteuse fange,
Ces êtres, grands par toi, mais par eux si petits.
Tu pleuras, Créateur, et tu te repentis!

Hélas! ce ne fut pas au désir des matières,
Nous dit-on, que ton souffle anima nos poussières.
Le chaos endormi n'élevait pas la voix
Et ne réclamait pas l'empreinte de tes doigts.
Tu t'ennuyas un jour d'un trône solitaire;
Pour temple, tu créas les astres et la terre;
Et, pour qu'un vain objet se courbât devant toi,

Tu fis l'homme rempli de faiblesse et d'effroi.
Nous sommes dans ton œuvre un sourire d'une heure,
Un jouet que ton doigt brise, dès qu'il l'effleure,
Un rayon à ta gloire, une rose à ton front;
Un encens louangeur qui célèbre ton nom ;
Et, lorsqu'à deux genoux, courbé dans la poussière,
L'être t'a parfumé d'une courte prière,
Tu jettes de nouveau cet enfant du néant,
Dans les bras de son père, insondable et béant !

Si je blasphème ici, Seigneur, suis-je coupable ?
Puisque tu t'es voilé d'un voile impénétrable ;
Puisque partout ton nom, éclair dans notre nuit,
S'éteint, sans éclairer l'homme qu'il éblouit ;
Puisque l'homme à lui-même est un profond mystère;
Puisqu'ici-bas le bien a le vice pour frère ;
Puisque tout est mauvais et que tout reste obscur,
Que tout semble manqué comme un ouvrage impur :
Moi, cette ébauche informe où rien ne se peut lire,
Moi, seul intéressé dans la route à décrire,
Ne puis-je dissiper la brume où tu te plais,
Demander d'où je viens et chercher où je vais ?

Hélas ! que tout est noir, dans la vallée humaine !
Les hommes en troupeaux se parquent dans la plaine,
Vivant sur des égouts qu'entoure un mur croulant.
Ils se tiennent entre eux pour résister au vent.

La caravane humaine en sa marche, sans doute,
Hors des sentiers tracés dut égarer sa route,
Et, folle, rencontrer des bourbiers sous ses pas,
Au lieu des verts gazons que tu lui destinas.
Non, non, je ne dois point sur la face pâlie
De ces êtres déchus chercher ton effigie.
Il faut sonder ailleurs tes éternels secrets.
A ton portrait, Seigneur, nous ne sommes plus faits.

Et vous, soleils de flamme, étoiles radieuses,
Cieux d'azur, de parfums, de chansons amoureuses,
Image de grandeur, de paix, de liberté,
Répondez ! pourquoi l'homme et la divinité ?
Oh ! tournez les feuillets du livre de l'espace,
Faites-moi déchiffrer chaque étoile qui passe,
Abaissez l'infini devant mon œil mortel,
Et sur son trône d'or montrez-moi l'Éternel.
Montrez-moi l'Éternel, le front ceint de sa gloire,
Afin de rappeler le monde à sa mémoire,
Et, du fond de l'abîme, afin de lui crier :
« Tes enfants ont usé leurs lèvres à prier,
« O Seigneur ! Si tu veux qu'ils se courbent encore,
« Fais luire les clartés de l'éternelle aurore,
« D'un rayon de tes yeux éclaire leur réveil,
« Et, dans ton firmament, au centre du soleil,
« Montre-toi, resplendis, tourne autour de la terre,
« Après l'ombre ici-bas ramène la lumière ! »
O ciel bleu, serais-tu mon principe et ma fin ?

Cette âme, pur esprit qui soupire en mon sein,
Dieu l'a-t-il dérobée à ces lueurs perdues,
Qui maintenant, d'en haut, l'appellent dans les nues?
Pourra-t-elle y monter, et, s'échappant du corps,
Voir son Dieu face à face et le comprendre alors?
Réponds, ô firmament!... Mais la voûte étoilée
Tourne, éclaire sans bruit ma tête désolée.
Le grand rideau céleste, aux plis majestueux,
Ne s'est pas écarté pour contenter mes vœux.
Si l'espace a parlé, je n'ai point su l'entendre.
J'ai frémi devant lui, sans pouvoir le comprendre.
Toujours, toujours, ce Dieu se plaît à se voiler;
Même aux pages du ciel je n'ai pu l'épeler;
Et ce dôme d'azur qui regarde la terre,
Contemple, indifférent, sa honte et sa misère,
Ne s'inquiète pas si les rayons divins
Sont un nouveau supplice à la nuit des humains,
Et s'élargit superbe, égoïste, en la nue,
Image de ce Dieu qui régla l'étendue.

La terre te blasphème et les cieux sont muets.
Est-ce en moi, Créateur, que tu te cacherais?
Sonderai-je mon être et jetterai-je encore
Mon cœur en aliment au feu qui me dévore?
Hélas! sous mon regard, je vois croître la nuit.
Plus je descends en moi, plus la lumière fuit,
Et je suis, quand je veux regarder dans mon ombre,
De la création la page la plus sombre.

La matière m'enchaîne, et, si l'âme parfois
T'adore, sans vouloir saisir tes saintes lois,
La raison se révolte et, pour te reconnaître,
Veut comprendre avant tout l'essence de ton être,
Puis, devant cette nuit dont tu nous entouras,
Se trouble, cherche encore, et ne s'incline pas.

Mais, silence! j'entends une voix de l'espace.
Dieu parle. N'est-ce pas sa réponse qui passe?

« Créature éplorée, — a dit le chant divin, —
Cœur dévoré d'amour, quelle est donc ta folie?
Ah! laisse cette ardeur qui brûle dans ton sein,
S'épancher en prière, en sublime harmonie!

« Laisse, comme un encens qui fume sur l'autel,
Ton âme s'élever vers la voûte sacrée,
Et, sans s'inquiéter de la terre et du ciel,
Monter dans son élan vers sa source ignorée.

« Qu'importe que ton Dieu soit un fils du chaos,
Ou qu'il ait accouché la matière endormie!
Qu'importe ce mélange et de biens et de maux,
Où semble s'égarer la Sagesse infinie!

« Qu'importent les humains et leur infirmité,
Le ciel et sa grandeur insondable et muette!
Qu'importe l'effrayante et morne obscurité,
Quand la raison contemple en toi l'âme inquiète!

« Qu'importe l'inconnu ! qu'importe le néant !
Si l'amour est la loi de toute la nature,
S'il brûle dans ton cœur comme un feu dévorant,
Ce n'est que pour aimer que naît la créature.

« Aime donc, aime donc, c'est là le mot secret !
Le flot succède au flot ; le nid de l'hirondelle
Voit à chaque printemps s'ouvrir dans le duvet
D'autres œufs, frêle espoir d'une mère nouvelle ;

« Une rose se fane, un bouton va s'ouvrir ;
Le vent perd ses parfums, puis se meurt dans l'espace ;
Un chant toujours succède au chant qui doit finir ;
Tout suit la grande loi : paraît, — aime, — et s'efface »

1859.

A MON DERNIER AMOUR[1]

Hier, enfant, tu m'as dit d'une voix inquiète,
Souriant et boudant, te penchant dans mes bras :
« Toi qui chantes pour tous, infidèle poète,
« Sur nos jeunes amours ne chanteras-tu pas ?

« Tu fais métier d'écrire et sèmes ta parole.
« Dis ? que ne m'offres-tu ces bouquets que ta main
« Effeuille sur la route, insouciante et folle.
« Je veux glaner les fleurs que tu perds en chemin.

« Je me fâche, je veux que mon regard t'inspire,
« Que tu chantes mon cœur qui bat pour toi. Je veux
« Que tu dises à tous le miel de mon sourire,
« Et me lises tes vers en baisant mes cheveux.

1. Cette pièce est la dernière que le poète ait écrite.

« Va rimer nos amours, dans le silence et l'ombre.
« Je te donne un pensum et te mets en prison.
« Va chercher sur tes doigts la césure et le nombre,
« Et reviens, m'apportant aux lèvres ma chanson. »

Tu le vois, j'obéis, et penché sur ma table,
Pâle, pressant mon front, ayant de l'encre aux mains,
Mon enfant, je me donne un mal épouvantable,
J'accouche avec labeur de ces quelques quatrains.

J'ai froid. Tu n'es plus là pour me dire : Je t'aime.
Ce papier blanc est bête et me rend soucieux.
Lorsque de nos amours j'écrirai le poème,
Je préfère l'écrire en baisers sur tes yeux.

Eh bien ! non, mon enfant, je t'aime et je refuse.
Je sais trop ce que vaut l'once de ce parfum,
Je n'invoquerai pas cette fille de Muse
Qui vend au carrefour de l'encens pour chacun.

Je ne t'appellerai ni Manon ni Musette,
Et j'aurai le respect sacré de notre amour.
La Laure de Pétrarque est un rêve, et Ninette
Est l'idéale enfant du caprice d'un jour.

Je n'imiterai pas les faiseurs d'acrostiches,
Et, tout au fond de moi, je garderai ton nom.
Jamais je ne voudrai joindre deux hémistiches,
Pour enrouler mon cœur autour d'un mirliton.

Il est de ces amours, banales et vulgaires,
Qu'un poète menteur drape d'un manteau d'or.
Il est, dans le ciel bleu, des amours mensongères,
Que riment à seize ans les cœurs vides encor.

Mais il est des amours profondes, des tendresses
Qui forcent les amants à se parler tout bas,
Emplissant les baisers de leurs âpres ivresses :
Ces amours, on les vit, on ne les rime pas.

Nos poèmes à nous, c'est notre douce vie,
C'est l'heure, chaque soir, passée à ton côté,
Ce sont nos nuits de mai, mon rire et ta folie,
Nos puissantes amours dans leur réalité.

Toujours nous augmentons l'adorable poème.
La page, plaise à Dieu, jamais ne s'emplira.
J'y vais chaque matin écrire : Mon cœur t'aime,
Et je mets au-dessous : Demain, il t'aimera.

Voici tes vers, enfant. Je veux, en récompense,
Que tu me laisses faire un chant à ma façon.
Je te prends doucement dans mes bras, en silence :
Mes baisers deux à deux vont rimer leur chanson.

Écoute-les chanter sur ton front, sur tes lèvres.
Ils ont le rythme d'or des amoureux concerts.
Ils bavardent entre eux, contant leurs douces fièvres...
J'ai toujours des baisers, je n'aurai plus de vers.

FIN.

TABLE DES MATIÈRES

ÉMILE ZOLA

I. Les origines.	1
II. Enfance à Aix.	15
III. Fin des études, à Paris.	35
IV. Débuts dans la vie.	45
V. La lutte littéraire.	65
VI. Les Rougon-Macquart.	83
VII. L'auteur dramatique.	130
VIII. Le critique.	146
IX. Méthode de travail.	156
X. Le succès.	168
XI. L'homme.	194
XII. La critique et le public.	213

VERS INÉDITS D'ÉMILE ZOLA

L'Amoureuse Comédie : Rodolpho.	235
— — L'Aérienne.	258
— — Paolo.	270
A mon ami Paul.	291

TABLE DES MATIÈRES.

Ce que je veux.	295
Nina.	299
Vision.	303
A mes amis.	309
Le diable ermite.	313
Religion.	325
A mon dernier amour.	333

FIN DE LA TABLE DES MATIÈRES.

Paris.— Imp. E. Capiomont et V. Renault, rue des Poitevins, 6.

www.ingramcontent.com/pod-product-compliance
Lightning Source LLC
Chambersburg PA
CBHW060500170426
43199CB00011B/1275